KB047170

단언컨대,
아이의 미래 인성교육에 있습니다

정학경

진로·진학 전문가로 13년 이상 전국 300여 곳이 넘는 초·중·고교와 공공기관 등 다양한 곳에서 강의했고, 1:1 컨설팅을 통해서는 학부모와 학생에게 최적화된 솔루션을 제공하여 아이들의 성장을 도왔다. 수많은 학생과 학부모를 만나고 아이를 양육하면서 '당장의 입시에만 함몰되기보다 멀리 보고 큰 그림을 그려주는 부모의 참 역할은 어떤 것일까?'라는 질문을 시작으로 보다 더 근본적이고 장기적인 대책이 필요함을 절감하여 이 책을 썼다. 현재는 '루트윙교육컨설팅' 대표, '용산구 진로직업체험지원센터 미래야' 강사, '에듀빌' 진로·진학 컨설턴트로 활동 중이다.

저서 『인성이 내 아이의 인생을 바꾼다』, 『세상을 바꾼 10대들, 그들은 무엇이 달랐을까?』, 『내 아이의 미래력』, 『열린다 진로』, 『학교생활 잘해야 대학도 잘 간다』(공저)가 있다.

이메일 monoblue01@naver.com

단언컨대, 아이의 미래 인성교육에 있습니다

지은이 정학경
초판 1쇄 인쇄 2024년 2월 21일
초판 1쇄 발행 2024년 3월 4일

발행인 박효상   **편집장** 김현   **기획 · 편집** 장경희, 김효정, 권순범, 이한경   **디자인** 임정현
교정 · 교열 진행 고은희   **마케팅** 이태호, 이전희   **관리** 김태옥

종이 월드페이퍼   **인쇄 · 제본** 예림인쇄 · 바인딩

출판등록 제10-1835호   **발행처** 사람in   **주소** 04034 서울시 마포구 양화로 11길 14-10 (서교동) 3F
전화 02) 338-3555(代)   **팩스** 02) 338-3545   **E-mail** saramin@netsgo.com
Website www.saramin.com

책값은 뒤표지에 있습니다.
파본은 바꾸어 드립니다.

ⓒ 정학경 2024

ISBN
979-11-7101-051-6 13370

우아한 지적만보, 기민한 실사구시 사람in

단언컨대, 아이의 미래

Character Education

인성교육에 있습니다

정학경 지음

사람in
saram
in.com

아이의 행복한 인생을 위한
최고의 가치를 찾아서

여러분은 자녀가 어떤 인생을 살았으면 하나요? 이 책에 관심을 보이며 책장을 펼쳐 본 부모 독자 중 상당수는 '아이가 행복하기만 하면 더 바랄 게 없겠다'라고 생각할 겁니다. 그렇다면 '자녀의 행복한 인생'을 위해 부모가 가장 먼저 관심을 가져야 할 영역은 무엇일까요? 저는 '인성교육과 진로교육'이라고 확신합니다. 자녀를 진심으로 사랑하는 부모의 인성교육과 진로교육이야말로 자녀의 행복한 인생을 설계하는 초석이라고 믿기 때문입니다.

저는 2023학년도 대입 수시 상담을 위해 학교생활기록부를 검토하다가 큰 충격을 받았습니다. 고등학교 3년 동안 체육대회, 소풍, 수학여행, 축제 등의 행사를 단 한 번도 경험해 보지 못한 학생이 전국에 수두룩했기 때문입니다. 2020년 들어 코로나19 팬데믹이 극심해지자 폐쇄와 통제가 더욱 엄격해졌습니다. 그로 인해 2020년 3월 입학식부터 비대면 행사로 진행되었고, 이때 입학한 고등학생은 2022년 11월 수능 시험을 치를 때까지 단 한 번도 외부 활동을 즐기지 못했습니다. 하지만 우울한 시기에도 사막 속 오아시스 같은 아이들이 있었습니다. 그중 한 명이 학창 시절을 추억 하나 없이 허무하게 끝낼 순 없다며, 축구대회를 직접 기획하고 진행한 학생이었죠. 이 학생은 행사를 주도적으로 기획하는 것은 물론이고 뜻이 맞는 친구들과 협력하면서 필요한 것들을 직접 챙기는 등 솔선수범했습니다. 나중에 말하기를 행사 준비 과정이 처음 예상한 것과 달라 무척 힘들었지만, 친구들과 교감하며 추억을 만들어 행복했다고 하더군요. 무엇보다 이 학생은 자신에게도 이런 열정과 능력이 있었나 하면서 자기 가치를 재발견하고 성취감을 맛보았다고 했습니다.

어떻게 이렇게까지 할 수 있었는지 학생과 대화하다 보니 곧 답을 알 수 있었습니다. 바로 '공동체에 조금이라도 도움이 되어야 한다'는 부모님의 가치관으로부터 영향을 받았던 것입니다. 이 학생은 축구 대회뿐만 아니라 평상시에도 비대면 수업 시간에는 선생님과 친구들이 어려움을 겪지 않도록 온라인 시스템을 미리 확인하고, 겉도는 친구들에게는 먼저 다가가 챙기려고 노력했습니다.

하지만 대부분의 학생들은 코로나19로 참 많은 것을 잃었습니다. 육체적·정신적·사회적·학습적으로도 정말 많은 어려움을 겪었죠. 그 시기에 저는 '요즘 아이들은 지금껏 인류가 겪어 보지 못한 새로운 문제들을 맞닥뜨릴 텐데…' 하고 더욱 걱정되기 시작했습니다. 무엇보다 10년 넘게 진로 입시 학습 상담을 하며 항상 의문을 가졌던 부분이 더 심화되었습니다. 낙천적이고 자기주도력이 넘치며 공동체에 도움을 주려는 이타적인 아이들이 있는가 하면, 비싼 사교육과 부모의 큰 도움을 받으면서도 오로지 불평만 하고 민폐까지 끼치는 아이들이 있었기 때문입니다.

'무엇이 이러한 차이를 만들까?' 이 의문에 대한 제 답은 분명합니다. 제가 만난 내면이 건강하면서 자기주도력이 있던 학생들은 성격과 집안 배경은 모두 달랐지만 한 가지 공통점이 있었습니다. 바로 부모님이 인성교육에는 철저하고 학교 공부에는 관대했으며, 아이와 여유 있게 거리감을 두려 했다는 점입니다. 제게 오는 대부분의 고민은 겉보기엔 입시와 성적이지만, 실제로는 아이의 내면에 차곡차곡 쌓인 인성이 큰 변수가 될 때가 많습니다. 성공과 성취는 오랜 시간 자연스럽게 맺는 열매와 같으며, 그 열매를 맺기까지 눈에 보이지 않는 과정이 더 중요합니다.

저 또한 아이를 키우는 학부모로서, 학생과 학부모의 모습 하나 하나가 눈에 더 들어옵니다. 하루하루 치열하게 살아가는 대한민국에서 인성교육을 이야기한다는 것이 얼마나 어려운지 깊이 실감하고 있죠. 지금은 '개천에서 용 나기'를 바라는 시대가 아니라, 개천보다 더한 곳에 떨어지지 않도록 자녀교육을 하는 시대입니다. 많은 엄마가 불안감에 휩싸여 유아 때부터 영어 유치원을 보내기 위해 엄마표 영어와 사교육을 부랴부랴 시키고, 일찍부터 '의대 입시 로드맵'을 짜서 준비하기도 합니다. 이 시기를 어떻게 보내느냐에 따라 단 한 번뿐인 자녀의 인생이 달라진다고 믿기에 큰돈을 들여서라도 자녀교육에 열을 올리는 것이죠. 내 아이가 행복하게 살아가길 바라는 부모의 진심입니다.

그러나 저는 이러한 방식에 찬성하지 않습니다. 경쟁 우위에 설 수 있도록 물심양면 지원하는 것보다 경쟁에서 뒤처지더라도 존엄하게 살아가는 내면의 힘을 길러 주는 게 먼저라고 생각합니다. 인공지능과 로봇의 시대가 도래한 지금, 아이의 미래에 어떤 직업이 각광받고 어떤 생활이 펼쳐질지 전부 헤아릴 수 없습니다. 또한 부모가 해줄 수 있는 '물심양면'의 효과도 어느 순간 한계에 부딪히기 마련입니다. 그래서 저는 인성교육을 우선순위에 두어 아이 내면의 기초공사를 차근차근히 해나가면, 아이가 어느 상황에서든 자기존중감을 잃지 않으면서 행복하게 살아갈 수 있을 거라고 믿습니다. 이러한 내용을 함께 나누고자 이 책을 집필했습니다.

이 책은 가정에서 즐겁고 부담 없으면서 지속 가능한 인성교육과 진로교육을 할 수 있도록 구성했습니다. 이론적인 개념보다는 다양한 사례를 통한 실천 방법에 중점을 두고, 가정에서 적용 가능한 방법과, 더 나아가 연령대별 교육법까지 담았습니다. 당연히 이 책의 연령대별 교육법을 무조건 따라 할 필요는 없습니다. 각 가정의 여건과 문화에 따라, 또 자녀의 수준·흥미·이해도에 맞게 차근차근 적용해 나가면 됩니다.

어렵고 부담스럽고 힘든 가정교육은 오래가지 못합니다. 그 자체만으로도 부모와 아이 모두에게 큰 스트레스가 될 테니까요. 이 책을 통해 우리 가정에 맞는 자연스럽고 창의적인 인성교육과 진로교육 방법을 찾아간다면 유익한 효과를 얻을 수 있을 것입니다.

정학경

지금 왜
인성교육인가?

1장

많은 전문가가 '일자리의 60%는 아직 탄생되지 않았으며, 현재 십 대들은 평생 5개 이상의 직업과 17개의 직장을 옮겨 다닐 것'이라고 예측합니다. 기존 일자리가 사라지고 고용 불안이 확대되면서 부모 또한 자녀의 생존이 위협받는 것처럼 느끼고 있죠. 이 때문에 부모들은 눈에 보이지 않는 불안감을 겉으로 드러나는 학벌과 학력으로 해결하고자 자녀들을 여러 학원에 보냅니다. 하지만 상위권, 최상위권 성적을 구분 짓는 결정적인 차이는 다니는 학원의 개수나 공부량이 아니라, 정신력과 인성입니다. 국영수에 많은 시간과 돈을 투자하듯 부모가 자녀의 인성교육에도 노력을 기울인다면 험난한 세상에서 아이들은 자기 만족감과 보상을 스스로 얻어 나갈 수 있습니다.

1

자녀 세대를 알아야
가르칠 수 있다

"알면 사랑한다"라는 말이 있습니다. 어떤 대상에 깊은 관심을 보이며 충분히 알아갈수록 그 대상을 자연스럽게 이해하고 사랑하게 된다는 뜻이죠. 바꿔 말해 그 대상을 사랑하려면 잘 알게 될 때까지 관심을 가져야 한다는 의미이기도 합니다. 그런 차원에서 자녀 세대(2010년대 이후 출생자)의 특징을 파악하는 것은 자녀를 이해하는 데 큰 도움이 됩니다. 세대 차이를 줄이는 것이야말로 인성교육과 진로교육에서 큰 이점을 차지하니까요. 그렇다면 자녀 세대에는 어떤 특징이 있을까요?

첫째, 자녀 세대는 태어난 이후로 아날로그 세계를 한 번도 경험해 본 적 없는 '디지털 온리(Digital Only)' 세대입니다. 디지털 디바이스가 친숙하며, 디지털 기술 습득 역량이 직관적으로 뛰어나죠. 또한 가상세계가 전혀 낯설지 않으며, 오히려 그 공간에서 놀고 소비하고 공부하는 것을 즐깁니다. 때로는 이러한 소통 방식을 사람과 직접 부대끼는 것보다 편하게 여기며, 소통 범위는 '글로벌'하기까지 합니다.

또한 자녀 세대는 디지털 콘텐츠의 주요 소비자이면서 동시에 생산자입니다. 유튜브, 넷플릭스와 각종 SNS로 시간적·물리적 거리감 없이 전 세계인과 콘텐츠에 대해 바로바로 소통합니다. 그러면서도 SNS나 동영상 플랫폼에 자신의 콘텐츠를 올리며 끼를 자유롭게 발산하죠. 이 때문에 글보다는 이미지, 영상 등을 더 친숙하게 여기는데, 요즘에는 단순하며 직관적인 숏폼 형태의 콘텐츠를 더욱 선호합니다.

둘째, 자녀 세대는 인류 역사상 가장 풍족한 시대에 자라는, '결핍'이 결핍된 세대입니다. 당장 부모 세대와 비교해 봐도 모든 조건과 환경이 풍요롭죠. 물론 양극화로 인해 상대적 박탈감은 느낄 수 있겠으나, 저출산 환경에서 태어나 귀한 대접을 받고 부모도 지극정성을 다해 지원하기에 '나 중심적' 세계관이 강합니다. 하지만 아이러니하게도 성인이 되어서는 저성장 시대로 인해 부모와 다르게 경제적 기반을 잡아가는 게 갈수록 어려워지죠. 그러나 SNS와 같은 다양한 매체를 통해 주변에서 화려하게 살아가는 사람들을 볼 기회가 많아 소위 '경제적 자유' 같은 돈에 대한 관심은 꽤 높은 세대이기도 합니다.

셋째, 자녀 세대는 감염, 사고, 재난과 같은 사회문제에 유독 관심이 많습니다. 미세먼지, 수해 등 자연재해는 물론이고 세월호 참사, 코로나19 팬데믹, 이태원 참사 등 거대한 인재의 소용돌이를 자주 마주했기 때문입니다. 다시 말해 살아가면서 사회적 위험에 많이 노출되었다 보니 자녀 세대에서는 인성과 공동체 의식이 꼭 있어야 한다는 사회적 공감대가 형성되었습니다. 인성과 공동체 의식을 갖추지 못한 사회 구성원으로 인해 크나큰 비극이 초래될 수 있음을 하루에도 몇 번씩 뉴스를 보며 몸소 느꼈기 때문입니다. 공동체 의식은 자신이 속한 공동체와 그 공동체가 속한 더 큰 사회와의 관계를 인식하고, 그들의 이익과 복지를 위해 노력하는 마음을 말합니다.

하지만 우리 아이들이 세상의 부정적인 측면만 크게 보고 과하게 염려하진 않았으면 합니다. 요즘 자녀 세대에서 나타나는 가슴 아픈 현상 중 하나는 어른의 모습을 보며 우리 사회에 실망하고 자신의 미래 또한 비관하는 것입니다. 희망을 잃는 순간 모든 것이 도미노처럼 무너집니다. 따라서 부모는 세상의 변화로 어떤 기회들이 생길지, 또 자녀에게 무엇이 정말 필요할지 질문하며 긍정적인 면을 채워 줄 수 있어야 합니다.

2

입시 실패자보다
인간 실격자가 더 무섭다

요즘 뉴스에는 유명인이 과거에든 현재에든 학교폭력, 성폭력, 갑질 등 사회적 물의를 일으켰다는 소식이 자주 등장합니다. 과거와 달리, 지금 같은 초연결 시대에서는 CCTV와 다양한 플랫폼, 소셜 미디어를 통해 은폐해 놓은 사실이라도 세상에 쉽게 공개됩니다. 아무리 잘나가는 사람이라도 타인을 괴롭히고 의도적으로 해를 가했다면 나중에 대가를 치르는 일이 참 많아졌죠. 유명인보다야 덜 하지만 일반인들도 큰 물의를 일으키면 곧바로 신상이 털리기도 합니다.

이처럼 인성은 성공과 성취를 좌우하는 중요한 기준으로 자리 잡았습니다. 이미 미국의 몇몇 대학과 회사는 지원자의 SNS를 통해 그들의 인성과 평판을 참고하고 있습니다. 공정과 정의 등 윤리적 가치가 중요해진 세상에서 이와 맞물려 사회 감시망 또한 촘촘해지고 강화되고 있는 것이죠.

인공지능, 로봇 기술, 사물인터넷 등으로 대변되는 4차 산업혁

명은 우리의 삶을 빠르게 바꾸고 있습니다. 그러나 한편에서는 이러한 기술을 악용하는 모습도 나타나고 있죠. 드론은 아름다운 풍경을 촬영하고 사람이 가기 힘든 곳까지 물건을 배달해 주지만, 이와 동시에 불법 촬영에 쓰이거나 전쟁터에서 무자비하게 폭탄을 퍼붓는 살상 무기가 되기도 합니다. 이처럼 인간이 어떻게 인식하고 활용하느냐에 따라 기술의 순기능과 역기능이 결정됩니다. 그래서 인간의 도덕성은 이제 필수가 되었습니다.

전 세계는 지금 인성교육에 집중하고 있습니다. OECD와 유네스코는 교육 보고서를 연이어 발표했죠. 먼저 OECD는 2015년부터 2030년까지를 아우르는 교육 개혁 프로젝트인 〈OECD 교육 2030〉 보고서를 발표해 추진하고 있습니다. 이 프로젝트는 2단계로 나누어 추진되고 있는데, 1단계는 2015년부터 2018년까지 진행되었으며, 미래 사회에 필요한 역량을 정의하고 이를 구체적으로 개발하는 데 집중했습니다. 2단계는 2019년부터 2030년까지 진행될 예정이며, 1단계의 내용을 전 세계의 교육과정에 적용하는 방법을 연구하고 이를 각국 정책과 실천에 적용하는 것을 목표로 합니다. 유네스코는 2021년 11월에 〈교육의 미래 2050〉이라는 보고서를 발표했습니다. 이 보고서에는 교육의 목적을 단순한 지식 전달이 아니라, 학생들이 미래 사회에서 성공적으로 살아갈 수 있는 역량을 갖추게 하는 것으로 재정의하고 있죠.

두 보고서는 모두 미래 사회에 대비하여 교육 방향을 제시했다는 공통점이 있습니다. 앞으로 우리 아이들은 복잡하고 역동적으로 변화할 미래 사회에서 기후위기와 전쟁 같은 문제들을 해결하며 생존해야 합니다. 이처럼 지속 가능한 삶을 위협하는 사회에서 살아갈 수 있는 근원을 OECD와 유네스코는 '교육', 더 구체적으로는 '인성교육'이라고 본 것이죠.

우리나라도 '창의 융합형 인재'를 표방하던 2015 교육과정과 달리, 2022 개정 교육과정에서는 '혁신적 포용 능력을 갖춘 인재'로 인성적인 면을 강조하고 있습니다. 『제3의 물결』을 저술한 세계적인 미래학자 앨빈 토플러Alvin Toffler는 "21세기에는 도덕성을 지닌 민족만이 번영할 수 있다"고 말한 바 있습니다. 그의 말마따나 우리는 지금 인성이 실력이자 능력이 되는 시대를 살고 있습니다. 바르지 않은 인성으로는 성공은커녕 밥벌이조차 하기 힘든 세상이죠. 앞으로는 인성이 국가경쟁력까지 좌우할 것입니다. 그래서 우리 아이들이 험난한 세상에서 잘 버티고 헤쳐 나갈 수 있도록 올바르고 긍정적인 마음을 가진 어른으로 키워야 합니다.

3

인성교육에 대한 오해

착한 아이를 만든다?

"저 집 아이는 말도 잘 듣고 엄청 순해요."
"저 선생님 반 애들은 말도 잘 듣고 분위기도 좋아요."

부모와 교사 등 어른들 사이에서 오가는 흔한 대화입니다. 그런데 찬찬히 따져 볼까요? 말을 잘 듣는 것이 어떻게 착한 것과 연결될까요? 어른들 머릿속에 어른과 아이는 '명령과 복종', '지시와 순종'의 관계라는 생각이 잠재되어 있기 때문입니다.

유교 사상이 깊이 자리한 대한민국 사회에서는 여전히 '부모-선생님-선배-지도자' 등 윗사람의 말을 잘 듣는 사람을 가리켜 '인성이 좋다'고 할 때가 많습니다. 예를 들어 말 잘 듣는 착한 아이는 인성이 좋다고 보는 것이죠. 어른이 되어서 사회생활을 할 때도 마찬가지입니다. 자신과 잘 맞으면 '착하고 인성 좋은 사람'이라 생각하고, 그렇지 않고 불편하면 어느 순간 '이상하고 인성 나쁜 사람'이 되어 있죠. 왜 이런 현상이 발생할까요?

일단 인성이라는 단어가 모호하고 어렵게 느껴지기 때문입니다. 인성의 사전적 의미는 '사람의 성품, 각 개인이 가지는 사고와 태도 및 행동 특성'입니다. 이에 따르면 인성교육의 사전적 의미는 '인간이 인간답게 살아가도록 기본을 가르치는 것'을 뜻하죠.

누군가는 인성교육 하면 그저 태도와 예절을 떠올립니다. 그러나 인성교육은 예절교육이 아닙니다. 겉으로는 예의 바를 수 있지만 속은 엉망인 경우도 종종 있거든요. 또한 인성교육을 학교폭력 예방교육, 성교육, 금연교육과 같이 청소년기의 일탈을 예방하는 차원에서 일회성 특강으로 해결되리라 보는 사람도 많습니다. 하지만 인성교육은 개인의 내면을 아우르는 것이 먼저입니다.

우리나라는 인성, 도덕성을 하나의 교과목으로 가르치는 흔치 않은 국가입니다. 2015년부터 인성교육을 의무로 규정한 세계 최초의 법인 '인성교육진흥법'을 시행하고 있죠. 그럼에도 저는 교육 현장에서 학생들의 인성이 떨어지고 있다는 것을 더욱 체감할 뿐입니다. 인성교육진흥법에 따르면 인성교육은 '자신의 내면을 바르고 건전하게 가꾸고 타인·공동체·자연과 더불어 살아가는 데 필요한 인간다운 성품과 역량을 기르는 것을 목적으로 하는 교육'이라고 합니다.

그러나 인성을 도덕적 측면으로만 한정 지으면 인성교육은 불완전할 수밖에 없습니다. 심리적 측면까지 살펴봐야 균형이 잡히죠. 인성은 마음으로 느끼고 행동으로 실천해야만 형성됩니다. 따라서 자녀의 심리적 측면부터 헤아려야 자녀가 자발적으로 행동하고 실천할 수 있습니다. 또 다른 강요와 억압은 부작용을 낳을 수 있으니까요.

이러한 관점에서 인성교육은 착한 아이를 만들려는 것이 아닙니다. 인성교육은 자유와 자존에서 시작합니다. 이후 비판적 사고와 함께 타인의 입장에서 보고 생각하는 과정을 거쳐 다른 사람을 배려하며 의사소통을 하게 되는 것이죠. 이 과정을 잘 마친 사람들을 두고 비로소 우리는 '인성이 훌륭하다'고 칭찬합니다.

그래서 현명한 부모는 '착하다'라는 맹점에 빠지지 않고 아이의 내면과 인성을 헤아립니다. 반대로 어리석은 부모는 아이의 외면, 즉 성적이나 학벌과 같은 것들이 남들의 눈에 어떻게 비칠까 노심초사하느라 '이미지'를 좌우하는 행동만 가르칩니다.

인성은 타고난다?

2023년 월드베이스볼클래식(WBC)에서 일본의 우승을 이끈 야구

선수 오타니 쇼헤이는 실력과 인성을 모두 갖춘 세계적인 슈퍼스타로 유명합니다. 오타니 선수는 고1 때 '만다라트(Mandalart, 만개한 연꽃 모양으로 생각을 발상해 나가는 데 도움을 주는 사고 기법)'라고 불리는 인생 계획표를 세우고, 일본 프로야구 8구단에서 드래프트 1순위라는 꿈을 향해 자신의 야구 기량을 구체적으로 분석하고 실천 가능한 방법을 적어 놓았다고 합니다(지금까지 실천 중이라고 하죠). 특히 인성에 관한 항목을 세세하게 작성했는데요. 인간성이 좋아야 성공이 따른다고 생각했기 때문입니다.

오타니 선수의 부모는 오타니가 어렸을 적부터 인성을 강조해 왔다고 합니다. 오타니가 타인을 배려하는 인성을 함양할 수 있게 다양한 교육 프로그램과 봉사활동에 참여하도록 유도했죠. 이러한 부모의 교육 방식은 오타니 선수가 건강한 인성을 형성하고 자신의 분야에서 성공하는 데 큰 영향을 미쳤습니다.

하지만 대부분 부모는 인성에 대해 크게 오해하고 있습니다. 바로 '인성은 크면 저절로 알아서 생긴다'고 보는 것이죠. 타고난 부분이 큰 것은 기질과 재능 쪽이지, 오히려 인성은 교육과 훈련에 따라 향상되는 '실력'에 가깝습니다. 학습적인 면은 학원이나 과외 등 돈을 들이면 바로 성과가 보입니다. 시험 점수처럼 수치화되어 확인할 수 있는 것이죠. 하지만 인성은 눈에 보이지도 않고, 먹고 사는 문제만으로도 벅찬 부모가 일일이 관리하기 어렵습니다. 그래도 어려서부터 자녀가 인성을 제대로 갖출 수 있게 도와준다면, 자녀는 매사에 끈기 있게 노력하면서 자신의 꿈을 위해 좋은 성적을 얻고자 주도적으로 행동할 것입니다.

문제아에게만 필요하다?

인성 평가는 지식에 대한 평가가 아니라 행동에 대한 평가입니다. 그래서 시험처럼 지식으로 파악하고 측정할 수 없죠. 학교의 인성 교육 평가도 교사가 학생의 평소 생활 태도를 관찰하고 행동 특성에 따른 종합 의견을 기록하며 이루어집니다. 아는 것과 실천하는 것은 정말 다르기에 인성교육을 받고도 실천하지 못한다 해서 쉽게 비난할 수는 없습니다. 저 또한 이 책을 집필할 자격이 되는지 스스로를 자주 돌아보게 되었죠.

따라서 어떤 문제가 있는 소위 '문제아'에게만 인성교육이 필요하다고 여기지 말아야 합니다. 그리고 문제가 일어나고서야 부랴부랴 개입하는 것이 아니라, '더 나은 삶을 위한 실용적인 기술'로 관점을 바꿔서 인성교육을 대하는 게 좋습니다. 우리가 앞으로 살아갈 시대는 과학기술의 발전으로 생활은 매우 편리해지지만, 반면 기초적 인간력(인내력, 집중력, 지속력 등)은 갈수록 부족해지는

'모순의 시대'이기 때문이죠. 또한 누구나 정보에 쉽게 접근할 수 있어 개인의 지식과 능력의 차이가 비슷합니다. 이러한 시대일수록 개인의 경쟁력은 인성과 태도에 따라 결정될 것입니다.

이러한 시대적 필요로 이제 인성교육은 사회감수성교육(SEL, Social and Emotional Learning)으로 변하고 있습니다. 행동 교정과 도덕성 증진을 넘어서 정서 발달과 사회성 함양까지 부각하고 있죠. 이와 동시에 인성교육은 준법정신, 협동심, 다양성 공존과 관용 등 공동체 의식과 시민의식을 키우는 방향으로 변화하고 있습니다. 즉 인성교육은 문제아에게만 필요한 행동 교정이 아니라, 안전하고 균형 잡인 삶의 기술을 가르치는 교육입니다.

4

부모가 알아야 할
인성교육의 방향

학생 입장에서 인성교육은 또 다른 교과목처럼 여겨집니다. 하지만 인성교육을 진행하려는 학부모라면 자녀에게 '긍정적 삶의 기술'과 '내면 안정을 위한 마음 습관'을 익힐 수 있게 안내하는 것이 좋습니다. 많은 명문 학교와 세계적인 기업들도 '마음챙김'과 같은 명상 프로그램을 운영하고 있죠.

인성교육은 크게 둘로 나눌 수 있습니다. 첫째, 자기 자신을 이해함으로써 내면의 인격을 다지는 존중·신뢰·책임·배려의 관점입니다. 둘째, 자기 자신을 넘어 타인과 조화를 이루는 공정성·공동체 의식·시민 의식의 관점입니다.

한국교육개발원(KEDI)에서는 인성을 더 구체적으로 감성, 도덕성, 사회성 3차원으로 구분하고, 이 셋을 다시 여섯 가지 역량으로 나누었습니다. 바로 자기 인식, 자기관리 능력, 핵심 가치 인식, 책임감 있는 의사결정, 사회적 인식, 대인관계이죠. 또한 이 여섯 가지 역량에 각각 긍정, 자율, 정직, 책임, 공감, 소통이라는 구체적인 덕목(가치)을 붙였습니다. 각 차원의 인성과 역량, 그리고 덕목은 모두 유기적으로 연결되어 있습니다.

첫 번째 차원은 감성-자기 인식, 자기관리 능력-긍정, 자율입니다. 가정 내의 인성교육은 자기 존재를 긍정하는 것에서 출발해야 합니다. 내가 누구이며 무엇을 잘하고 좋아하는지 긍정적인 자아 정체감을 기반으로 자신만의 인생 대본을 써 내려가려면 정서적 안정감이 잘 발달해야 합니다. 그래야 건강한 자존감으로 목표를 자율적으로 설정하고 수행해 나갈 수 있죠. 첫 번째 차원이 잘 발달된 사람은 수많은 시련과 좌절 속에서도 자신의 감정과 마음을 잘 돌보며 진정한 성취와 행복을 맛볼 수 있습니다.

두 번째 차원은 도덕성-핵심 가치 인식, 책임감 있는 의사결정-정직, 책임으로, 타인을 존중하고 공존하는 방향으로 성장하는 것입니다. 도덕성이 발달한 사람은 자신에게 중요한 핵심 가치가 무엇인지 인식하면서, 다른 사람의 핵심 가치도 역지사지의 자세로 이해하려고 합니다. 내가 소중하듯 타인도 소중하다고 인식하는 것이죠. 그래서 다른 사람의 입장까지 고려해 무엇이 옳고 유익한지 의사결정을 내릴 수 있습니다. 이러한 과정은 다른 사람의 눈치를 보면서 쫓기듯 이루어지는 게 아니라, 마음이 편안한 상태에서 정직한 선택으로 진행됩니다. 이것을 도덕성 차원의 인성이라고 하며, 여기에는 정직·정의·책임·준법처럼 우리가 옳다고 추구하는 삶의 덕목이 많습니다.

세 번째 차원은 사회성-사회적 인식, 대인관계-공감, 소통입니다. 많은 사람이 모인 큰 공동체와 사회를 인식하고 대인관계 능력과 리더십을 키워 공감과 소통을 이뤄 내는 인성을 말하죠. 사회를 좁은 의미로 바꾸면 집단, 단체, 조직, 모임 등으로 표현할 수 있습니다. 아이들에게는 학교의 또래 집단이 사회에 해당합니다. 인생의 파도는 어리다고 비켜 가거나 봐주는 법이 없습니다. 어른들이 일터에서 마주하기 싫은 사람이 있듯이, 우리 아이 역시 학교나 학원에서 같은 일을 겪을 수 있습니다. 이 과정에서 타인에게 자신이 어떻게 비칠까 인식하면서 여러 상호작용을 통해 성장하죠. 이런 사회적 상호작용에서는 감성적 자질이 굉장히 중요한데 감정반응 교육을 통해 아이들이 자기 감정을 이해하고, 이를 적절하게 표현하고 조절하도록 도울 수 있습니다. 이는 친구들과의 갈등을 줄이는 데도 도움이 됩니다.

이처럼 전문가들이 말하는 인성교육의 목표는 친사회적 언어, 친사회적 행동, 친사회적 의사결정을 내재화하는 것입니다. 이를 달성하려면 생활 속의 실천을 통해 아이의 평소 습관과 사고회로를 긍정적으로 바꿀 수 있게 도와야 합니다. 또한 구체적인 행동 방식을 제시하여 스스로 옳고 그름을 판단하도록 유도하는 것이 중요합니다.

5

최고의 인성교육은
꿈을 찾아주는 것

앞서 소개한 오타니 선수의 일화는 꿈이 한 사람의 인생을 얼마나 업그레이드시키는지 보여 주는 좋은 사례입니다. 절실히 원하는 꿈이 있는 아이는 그 꿈을 위해 서서히 노력해 가며, 꿈과 자신의 인생에 방해가 되는 것들은 최대한 피하고 절제하려고 하죠. 그래서 '훌륭한 인성을 갖춘 사람'이란 '자신만의 재능과 창조성을 꽃피울 기본적인 태도·성품·역량을 갖추면서도 자신과 타인을 이롭게 하는 사람'입니다. 씨로 비유하자면 인성교육은 흙을 덮어 주는 것과 같고, 진로교육은 씨가 껍질을 뚫고 나와 싹을 틔우듯 능력을 밖으로 끌어내는 것으로 볼 수 있습니다.

요즘은 연예인이나 인플루언서를 꿈꾸는 아이가 참 많죠. 이런 꿈을 꾸는 아이들 중에는 재미있고 위트가 있어서 인기를 끄는 학생도 있지만, 아슬아슬하게 선을 넘으며 위화감을 조성하고 모든 일이 자신을 중심으로 돌아가야 직성이 풀리는 학생들도 있습니다. 그런 학생들에게 저는 가끔 이렇게 묻습니다. "네가 만약에 톱

스타가 됐는데 과거에 학교폭력이나 친구를 괴롭혔다고 알려지면 어떻게 할 거니?"

그러면 아이들은 웃다가도 사뭇 눈빛이 진지해집니다. 저는 이렇듯 생각하는 과정이 인성교육에서 가장 중요하다고 봅니다. 내일을 위해 하루하루를 차곡차곡 쌓아 간다는 것이 어떤 의미인지 어릴 때부터 이야기를 나누면 자녀에게 도움이 될 겁니다. 당장 눈앞에 벌어지는 것들만 생각하는 청소년기에 내가 한 행동이 먼 훗날 나에게 어떤 부메랑으로 돌아올지 떠올려 보게 하는 과정이 필요한 것이죠.

스위트 스폿(sweet spot) 모형을 통해 구체적으로 알아보도록 하죠. '스위트 스폿'은 골프채, 테니스 라켓, 야구 배트, 탁구 라켓 등에 맞은 공이 가장 멀리 빠르게 날아가는 최적점을 말합니다. 운동선수들은 스위트 스폿을 만났을 때 짜릿한 느낌이 든다고 합니다. 공이 그곳에 '딱!' 부딪혀서 멀리 날아가 목표 지점을 정통으로 맞추는 그 순간의 쾌감을 말이죠. 각 사람의 인생에도 최적의 지점, 즉 스위트 스폿이 있습니다. 최적의 지점에서 공과 배트가 만날 때 홈런이 나오듯이, 스위트 스폿을 찾은 사람은 순풍에 돛을 단 듯 신나게 나아갑니다.

그렇다면 인생의 스위트 스폿은 어디일까요? 다음 그림과 같이 좋아하고 잘하는가?, 만족과 보상이 충분한가?, 세상과 타인의 행복

좋아하고 잘하는가?

스위트
스폿

만족과 보상이
충분한가?

세상과 타인의
행복에
기여하는가?

에 기여하는가?가 공통으로 속하는 부분입니다. 내 아이가 이 세
가지를 충족하는 스위트 스폿에 있다면 복권에 당첨된 거나 마찬
가지라고 할 수 있죠. 하지만 그 누구도 처음부터 스위트 스폿에
서 있지 못하므로 부모는 아이가 자라는 동안 스위트 스폿을 찾도
록 지지해 주어야 합니다.

아이가 장차 선택할 수 있는 직업은 다양합니다. 현실적으로 위
의 두 가지라도 해당된다면 '좋은 직업'이라고 할 수 있죠. 한 가지
만 충족된다면 길게 유지하기 어려울 테고, 다른 조건을 더 채우도
록 다양한 방법을 시도해야 합니다. 직업을 위한 구체적인 공부가
필요한 시점이기도 하죠. 다양한 경험도 사실 이 스위트 스폿을 찾

아 나가는 여정입니다.

이제 진로교육은 대학에 잘 들어가서 좋은 직업을 고르도록 도와주는 것이 아닌, '한 아이가 전 생애에 걸쳐 사회와 건강한 관계를 맺으며 행복한 삶을 살도록 돕는 것'으로 정의 내려야 합니다. 스위트 스폿 모형에서 알 수 있듯 적성에 맞는 직업만 찾는 좁은 의미보다 자신을 둘러싼 공동체와 함께한다는 폭넓은 의미에 초점을 맞추는 것이죠. 따라서 부모는 진로교육을 대학 입시와 취업 시점에 국한하지 말고, 자녀의 인생 전반으로 길게 바라봐야 합니다. 이처럼 한 사람의 인성이 진로와 진학에도 큰 영향을 미치므로, 인성 향상은 무척 의미 있는 노력이라 하겠습니다.

6

가정은
인성교육의 출발점

어린이집부터 고등학교까지 요즘 우리나라 교사 사이에서는 '다루기 힘든 아이가 많아지고 있다', '학부모들이 시도 때도 없이 연락하고 말도 안 되는 요구를 한다'는 말이 자주 나오곤 합니다. 집중력이 약해서 산만한 아이도 많지만, 자기중심적인 태도를 넘어서 욱하고 폭력적인 모습을 보이는 아이도 갈수록 많아지고 있기 때문입니다. 많은 원인과 변수가 작용하겠지만, 부모의 영향이 매우 크다고 생각합니다. 사회구조적인 문제라면 모든 아이가 다 잘못된 행동을 할 테지만, 그렇지 않으니까요.

설상가상으로 교권을 침해하고 교사를 괴롭히는 괴물 부모도 정말 많이 늘어났습니다. 어쩌면 인성교육은 아이뿐만 아니라 부모에게도 필요하지 않을까 싶습니다. 개인적으로 요즘 자녀교육의 가장 큰 걸림돌은 세상 모든 게 내 자식 중심으로 돌아가야 한다는 부모의 삐뚤어진 애정이라고 생각합니다. 아이가 원하는 대로 들어주는 것이 아이를 존중하는 길이라고 여기는 것은 아주 큰 착각입니다.

　이처럼 자녀에게 애정을 보이면서도 정작 많은 학부모가 학습과 입시는 사교육에 의존하고, 인성교육이나 다른 전반적인 것은 학교에서 모두 해주길 바랍니다. 가정에서 할 보육과 기본적인 가정교육도 학교와 교사에게 떠넘기고는 조금만 자녀의 심기를 그르친다고 생각되면 장문의 항의 문자를 보내는 등 교사를 힘들게 하는 학부모도 있습니다. 이 때문에 교사들은 학생과 친밀감을 깊이 형성하는 걸 부담스러워하고, 학생의 잘못된 생활 태도도 절대 지적하지 않습니다. 즉 요즘 교사들은 학생에게 헌신적으로 인성교육을 하고 싶어도 그럴 수 없는 상황에 처해 있습니다.

　따라서 인성교육의 출발점은 가정이어야 합니다. 인성교육은 곧 생활교육이기 때문이죠. 생활교육은 일상에서 직접 체험해서 터득하는 것이고, 이를 통해 결과적으로 홀로 설 수 있는 힘을 키울 수 있습니다. 지식 같은 학습적인 영역과 인성 같은 내면적인 영역은 결코 양분할 수 없으며 서로 밀접하게 연관되어 있습니다. 특히 인성은 학교뿐 아니라 가정에서 더욱 적극적으로 챙겨야 하죠. 따라서 부모라면 관점을 바꾸어 인성교육의 출발점은 가정이고 학교는 친구들과 함께 생활하면서 배려심과 공동체 의식을 습득하는 공간임을 인식할 필요가 있습니다.

7

부모의 마인드셋부터
변화가 필요하다

아일랜드의 시인이자 소설가인 오스카 와일드Oscar Wilde는 이렇게 말했습니다. "아이들은 처음에는 부모를 무조건적으로 사랑하지만 시간이 지나면 부모를 판단한다. 그리고 대부분 부모를 용서하지 않는다."

　자기 삶에 적극적인 아이들은 부모와 원활하게 소통합니다. 부모와 자녀 간의 소통은 서로를 신뢰의 끈으로 묶어 주고, 안정감 속에서 갈등과 시련을 이겨 낼 힘을 줍니다. 인성교육과 관련한 많은 연구 결과에서 인성교육의 가장 큰 패인으로 '학생(자녀)의 변화만' 중시했을 때를 꼽았습니다. 인성은 결국 그 사람의 '행동'으로만 정의됩니다. 솔직히 아이들 입장에서 인성교육에 대한 동기는 무척 약합니다. 인성교육이 나에게 어떤 도움이 되고, 왜 필요한지 크게 와 닿지 않는 것이죠. 그저 또 다른 교과목처럼 무겁게 느껴질 뿐입니다. 어른들은 이러한 속내도 모르고 그저 아이들의 인성을 바꾸려고 하는데, 만약 어른이 모범을 보이지 못한다면 아이들은 어른들의 마음을 위선으로 받아들일 가능성이 큽니다.

아이는 부모의 뒷모습을 보고 자란다는 말이 있죠. 부모는 자녀의 인생에서 가장 의미 있는 타인입니다. 부모를 통해 자기 감정을 대하는 법, 타인을 대하는 법은 물론이고 가치관, 사고방식, 생활습관까지 평생 가는 무의식을 만듭니다. 무의식은 '가랑비에 옷 젖듯이' 부모의 행동 패턴, 말투, 심리적 전이 등이 오랫동안 지속해서 영향력을 미칠 때 형성됩니다. 그래서 부모의 관점과 사고가 단 1%라도 바뀌면 아이들은 그 열 배인 10%가 바뀌죠.

이처럼 부모의 행동과 태도가 인성교육 자체이므로, 인성교육을 학교 교사가 온전히 책임진다고 생각해서는 곤란합니다. 학교나 학원, 아니면 어떤 기관에서 아무리 체계적인 인성교육 프로그램을 운영하더라도 아이에게 가장 큰 영향력을 끼치는 부모가 함께하지 않으면 실패에 부딪힙니다. 그래서 부모에게 자녀의 인성교육은 어떤 사람이 되고 싶은지, 어떤 선택을 할지, 어떻게 배우고 성장해 나갈지 하는 인생의 근본적인 물음에 대한 해답과 같습니다. 진로도 마찬가지입니다. 진로는 일과를 충실히 마치면서 고민하고 선택하는 과정을 통해 차곡차곡 쌓여 정해집니다. 따라서 인성과 진로는 함께 진행해야 하며, 인성교육은 부모가 스스로를 돌아보는 것부터 시작해야 합니다.

내 아이에게
필요한 핵심 인성

2장

인성교육은 자신에 대한 이해를 통해 내면의 인격을 다지는 차원부터 시작됩니다. 이것을 먼저 잘 해내야만 자기 자신을 넘어 타인 및 공동체와 균형과 조화를 이루는 차원으로 넘어갈 수 있죠. 즉 건강한 사회의식으로 확장됩니다. 개인 차원의 인성과 공동체 차원의 인성을 연결해 주는 것이 바로 공감 능력, 사회성, 의사소통 능력입니다. 따라서 가정에서 부모가 해줄 수 있는 구체적인 인성교육은 '나'와의 관계에서 필요한 핵심 가치와 공동체와의 관계에서 필요한 핵심 가치를 습득하게 돕는 것입니다. 이제부터 부모가 구체적으로 우리 아이에게 가르치면 좋을 핵심 인성을 각각 살펴보도록 하겠습니다.

1

자아존중감과
자기효능감

나를 대하는 태도가 인격을 만든다

앞서 인성교육은 자녀가 자기 존재를 긍정하며 자율의 가치를 실현하는 것을 목적으로 시작해야 한다고 말했습니다. 그래야 자아존중감과 자기효능감이 잘 발달합니다.

자아존중감, 다른 말로 자존감은 자신의 가치를 긍정적으로 믿어 주는 것을 말합니다. 때에 따라 파도처럼 요동치지 않고 한결같이 자신을 믿고 존중하는 마음이죠. 자존감을 갖춘 사람은 자신에 대한 사랑과 존중을 바탕으로 어려운 상황에서도 포기하지 않습니다. 일대일 코칭이나 컨설팅을 하다 보면 자존감이 떨어지고 마음 둘 곳 없어 방황하는 아이들을 종종 만납니다. "나는 가치가 없어서 누구에게도 사랑받을 수 없어" 또는 "나 같은 건 아무도 도와주지 않을 거야"라고 단정 지으며 자기부정을 하는 아이들입니다.

자기효능감은 자신의 능력을 믿는 것으로 '해낼 수 있다는 자신감'을 뜻합니다. 두려운 상황에서도 도전할 수 있는 용기를 북돋는 원천이기도 하죠. 자기효능감이 있는 학생들은 다양한 활동에 도전하고, 시험 점수가 나빠서 속상하더라도 금방 털어내고 어떻게 해야 다음에 좋은 성적을 낼 수 있을지 분석합니다.

그래서 아이들에게 자존감과 자기효능감을 갖게 하는 것이 매우 중요합니다. 요즘에는 어릴 때부터 우울감과 무력감에 짓눌린 아이를 많이 만나게 되는데요. 부모는 자녀가 스스로에게 '어떻게 하면 남들보다 잘할까?' 대신 '어떻게 하면 어제보다 나아질 수 있을까?'를 물을 수 있게 해야 합니다. 특히 자녀의 경쟁력을 높인다는 명목으로 자녀가 늘 긴장하고 스트레스를 받는 상황으로 몰면 안 됩니다. 즉 성적 때문에 두려워하고 남의 인정을 받으려고 노심초사하게 만들면 위험합니다. 저는 아이의 마음보다 부모가 앞서 나갔을 때 아이가 경쟁에 뛰어들 힘마저 잃는 것을 많이 봐왔습니다. 아이가 가진 능력 이상을 부모가 요구하면 아이는 스트레스를 받다가 무력감에 압도당합니다.

자존감이 있으면 자신의 꿈을 이뤄 낼 힘이 있고, 설사 이루지 못하더라도 목표를 최적화하여 만족하며 살아갈 수 있습니다. 행복의 기준을 어디에 둘지 스스로 정하는 건 매우 중요합니다. 상대적 박탈감과 양극화가 심해지는 시대에서 행복한 삶의 가장 큰 걸림돌은 낮은 자존감과 동반되는 열등감입니다. 열등감은 겉으로 드러나는 결과나 외모에 기준을 두고 이를 비교하거나 부정적인 반응을 할 때 나타납니다.

아무리 마음을 무장해도 미디어와 SNS를 통해 깊이 침투한 물질만능주의와 외모지상주의를 아이들이 무시하기란 쉽지 않죠. 몇몇 아이는 SNS 속 화려한 삶을 보고 명품 화장품과 패션을 따라 사거나, 술과 담배로 '어른' 흉내를 냅니다. 어떤 집에 사는지, 또 연휴에 해외여행을 가는지 등을 통해 집안 형편으로 선을 가르기도 하죠. 평등과 공평을 위해 아무리 좋은 정책을 내놓는다 하더라도 제도가 사람의 욕구까지 제한할 수는 없습니다. 이런 냉혹한 현실에서 자녀를 지킬 근본은 자아존중감일지도 모르겠습니다.

◆ 건강한 자존감과 위험한 자존감

그런데 자존감에도 건강한 자존감과 위험한 자존감이 있습니다. 『이타적 자존감 수업』이라는 책에 따르면 건강한 자존감은 이타적 자존감으로 '나는 세상에 도움을 주는 가치 있는 사람'이라고 여기는 것을 말합니다. 반대로 위험한 자존감은 이기적인 자존감이며, '나는 남보다 가치가 큰 사람'이라 여기는 것입니다.

이기적 자존감을 잘 조절하지 못하면 남보다 더 많은 것을 가져야 하는 게 당연해지고, 더 잘나고 싶은 욕망만 쫓으며 자신의 이득을 취하려 합니다. 다른 사람에게 피해를 주더라도 상관없다는 자기합리화까지 자리 잡을 수 있죠. 반면 이타적 자존감은 자신은 물론 세상과 인류의 이득을 추구하고자 합니다.

이런 맥락에서 자녀가 건강한 자존감을 갖게 하려면 자기 자신과 마찬가지로 타인도 소중하게 여겨야 한다는 역지사지의 마음을 인식시켜야 합니다. 이타적 자존감을 가진 사람은 내가 그러하듯 타인도 그럴 것이라는 공감 능력이 있습니다. 즉 친구는 자신과 다를 수 있고, 옳고 그르다는 가치 판단이 불필요하다는 것을 알게 됩니다. 이러한 다양성 인식은 사람들과 편견 없이 어우러져 살아가는 데 아주 중요합니다. 세계적인 명문대와 기업에서는 지원자가 서로를 자극하고 전체를 성장시켜 나갈 '다양성'을 창조할 수 있는지를 중요하게 평가한다고 합니다.

무엇보다 이타적 자존감은 미래 인재에게 필요한 기본 자질입니다. 일자리 혁명이 펼쳐지는 시대에는 문제해결력이 중요해지는데, 이 능력의 원천이 이타적 자존감인 것이죠. 정서가 안정되어야 두뇌에서 문제 해결을 위한 아이디어가 떠오르기 때문입니다. 또한 이타적인 성향이 강하면 타인을 유심히 관찰하여 그들이 어떤 문제에 처해 있고 무엇이 필요한지 공감하면서 문제 해결의 단서를 잘 발견하게 됩니다. 당연히 문제해결력이 향상되겠지요. 그러면서 겸손하고 개방적인 태도로 협력한다면 어떤 조직이든 그 사람과 함께 일하고 싶을 것입니다.

괴물 부모와 얀테의 법칙

사교육 업계에서 일하고 있지만, 저는 가끔 학교에 가서 강의를 합니다. 단체 강연 형식으로 할 때도 있고 교실에서 수업을 할 때도 있죠. 한번은 어느 고등학교에서 기간제로 계약을 맺고 진로수업을 담당하다가, 수업을 너무 방해하는 학생에게 몇 마디 지적을 한 적이 있습니다. 그랬더니 그 학생은 이렇게 말하더군요. "선생님, 학교 잘리고 싶으세요?"

막장 드라마에서나 나올 법한 말을 들은 후로 저는 45분이라는 수업 시간 동안 저를 바라봐 주는 다섯 명의 학생에게만 시선을 맞추고 수업을 진행했습니다. 그렇게 최대한 트러블 없이 계약 기간을 끝낸 후로는 다시는 학교에서 기간제 강사로 일하고 있지 않죠.

실제로 기간제 교사들은 저와 같은 설움을 받는다고 하는데요. 이러한 교권 침해와 인격 모독은 정식 교사에게도 많이 일어납니다. 특히 교권 침해의 절반은 악성 민원을 일삼는 학부모가 원인이라고 하죠.

앞서 언급한 괴물 부모는 악성 민원을 넘어서 교사를 괴롭히는 부모를 일컬으며, 2007년 일본에서 등장한 신조어입니다. 그해 일본에서는 과도한 업무량과 학부모의 극성스러운 괴롭힘에 시달리던 교사들이 우울증을 앓고 끝내 목숨을 끊는 사건이 잇달아 발생하며 큰 사회문제로 떠올랐습니다. 괴물 부모가 나타나는 이유는 과거의 학부모와 달리 요즘 학부모들이 학교 교육도 자신의 세금을 내서 운영하는 공공서비스의 하나로 인식하기 때문입니다. 이런 와중에 왜곡된 권리 의식으로 무장된 학부모들이 도를 넘는 민원을 넣는 것이죠. 또한 버블 경제가 붕괴된 저성장 시대에서 내 아이를 잘 키워 내야 한다는 불안감과 함께 왜곡된 교육열, 자식 사랑이 이런 괴물 부모를 만들어 낸 이면이라고 분석합니다. 부모가 자녀에게 '너는 세상에 하나뿐인 특별한 존재야. 너는 무엇이든 잘할 수 있어'라는 식으로만 가르치면, 자녀는 교사는 물론이고 타인에게 큰 피해를 줄 수 있습니다. 자신만 소중해지고 타인을 존중하는 마음이 무뎌지기 때문입니다. 따라서 교사에 대한 존중과 친구들에 대한 배려를 가르치는 첫 번째 '학교'는 가정이어야 합니다.

우리나라 학부모가 동경하는 교육 방식 중에 하나인 북유럽식 교육에서는 '얀테의 법칙(Law of Jante)'이 자주 등장한다고 합니다. '보통 사람의 법칙'이라고도 부르는 이 법칙은 북유럽 국가들에서 일상적으로 받아들여지는 생활 질서입니다. 얀테의 법칙은 '네가 특별하다고 생각하지 마라', '네가 남보다 더 똑똑하다고 착각하지 마라' 등 겸손의 십계명으로 이뤄져 있습니다. 북유럽에서는 '네가 남보다 뛰어나다'고만 가르치면 자녀가 자신의 행복과 자존감을 위해 다른 사람을 무시하게 될 수 있다고 생각합니다. 요즘은 얀테의 법칙을 고리타분하게 여기는 사람이 많아졌다고 하는데, 그럼에도 여전히 북유럽 국가에서는 중요한 사회 질서로 통용되는 것 같습니다.

자신을 존중하고 소중히 여길 줄 아는 자존감은 매우 중요합니다. 실제로 부모들은 자녀의 자존감을 높여 주기 위해 많이 고민하죠. 그동안 살아오면서 자존감이 얼마나 중요한지 실감했기 때문일 겁니다. 하지만 경쟁에서 이기거나 남보다 뛰어나다고 해서 자존감이 높아지진 않습니다. 1등이 아니어도 의미 있고 행복한 삶을 살 수 있습니다. 남의 시선을 의식하지 않고, 남과 비교하며 스트레스 받지 않고, 내면의 목소리에 귀 기울이며 나만의 속도로 사는 방식을 알려 주는 것이 자존감을 키우는 진정한 방법입니다.

2

늘 배우려는 태도와
비판적 사고

평생배움능력과 참과 거짓을 구분하는 능력

"변화가 빠른 시대에서 지식을 많이 가진 사람은 더 이상 존재하지 않을 세상에 대해 잘 준비한 셈이고, 배우는 능력을 갖춘 사람이 세상의 주인이 될 것이다." 미국의 사회철학자 에릭 호퍼Eric Hoffer는 변화하는 세상에 대해 경쟁력을 갖춘 사람을 이렇게 정의했습니다.

자고 일어나면 새로운 정보와 기술이 생겨나는 시대입니다. 그와 관련된 일자리도 빠른 속도로 나오고 있죠. 전문가의 말에 따르면 이제 어느 분야의 전문가로 활동하기 위해서는 4년마다 완전히 새로운 내용을 학습해야 한다고 합니다. 일과 배움이 자전거 앞바퀴와 뒷바퀴처럼 병행되어야 하는 것이죠. 그래서 평생 배우고 비판적으로 생각할 수 있는 사람은 자신의 지식과 능력을 끊임없이 발전시키고, 다양한 관점과 정보를 수용하며, 합리적이고 창의적인 판단과 의사결정을 내릴 수 있습니다.

무엇보다 데이터가 범람하는 디지털 세상에서 살아가려면 '참과 거짓'을 구분하는 능력이 중요합니다. 참과 거짓을 구분하는 지혜는 삶의 여러 면에서 정말 중요한데, 특히 가짜 정보를 판단하는 데 큰 역할을 합니다. 예를 하나 들자면 SNS 속의 '행복하게 연출된 모습'보다 '나의 진짜 행복'을 정의하는 것도 참과 거짓을 구분하는 능력에 포함됩니다. 무언가에 대해 스스로 사고하고 정의 내리며 헛된 것에 흔들리지 않고 내면이 견고할 때 행복한 삶을 살 수 있습니다. 또한 인성교육에서는 자신과 다른 사람의 마음을 들여다보고 그 사이에서 바람직한 선택을 하는 것이 중요한데, 이를 위해서는 비판적으로 바라보고 판단할 수 있는 능력이 필요합니다.

따라서 부모는 가정과 일상에서 자녀가 큰 그림을 그릴 수 있게 도와주어야 합니다. 디지털 네이티브인 요즘 아이들은 태어날 때부터 디지털 기기와 함께 살아왔다고 해도 과언이 아닙니다. 전문가들은 스마트폰을 비롯한 디지털 기기를 많이 사용할수록 큰 그림을 보는 능력이 약해지고 세세한 부분에 먼저 집중하고 반응한다고 말합니다. 또한 보고 싶은 것만 보면서 근거를 찾고 합리화하는 확증편향 증상이 더욱 강해진다고 하죠. 즉 균형 잡힌 시각이 약해지고 휙 하고 빠르게 훑어보는 게 익숙해지면서 '숲보다 나무만 보는' 경향이 강해집니다. 그래서 전체적인 맥락 안에서 구체적인 부분을 살피는 분석적인 사고가 필요합니다.

뒤에서 살펴보겠지만, 자기주도적인 삶은 가장 가치 있는 방식으로 인생을 설계하고 이끌어 가는 것을 말합니다. 즉 자기가 생각한 대로 살아가는 삶이죠. 이를 위해서는 비판적 사고력과 안목을 갖추고 지식을 제대로 쌓아야 합니다. 이는 교육의 진정한 목적과도 상통합니다. 바로 사회에 그저 순응하는 것이 아니라 혁신하려는 정신이죠. 따라서 부모는 자녀가 의문을 갖고 질문하는 것을 피곤해하지 말고, 오히려 매우 의미 있고 생산적인 행동임을 강조하며 적극적으로 권해야 합니다.

◆ 배움은 재밌어야 한다

이처럼 평생 배우고 사고하고 통찰하려면 먼저 공부가 즐거워야 합니다. 그런데 우리나라 학생들은 의무교육이 이뤄지는 12년 동안 공부에 학을 뗄 정도로 질려 버립니다. 재미와 의미가 있는 배움이 아닌 시험을 위한 억지 공부에 어릴 때부터 시달린 때문이겠죠. 그래서 평생 배움이라는 말을 들으면 별 감흥을 느끼지 못합니다. 결국 시간이 많이 흐른 뒤에야 공부의 중요성을 깨닫습니다.

단순한 말이겠지만 공부가 즐거우려면 하고 싶은 공부를 하면 됩니다. 그리고 자신에게 맞는 진짜 공부를 하면 즐겁습니다. 여기서 말하는 진짜 공부란 지적 호기심으로부터 비롯된 문제 해결을 위한 탐구를 말합니다.

철가루가 자석에 착 달라붙듯이 사람도 무언가 끌리는 힘이 있을 때 집중력을 발휘합니다. 집중력과 몰입은 억지로 훈련을 통해서 만들 수 없습니다. 좋아하거나 계속 관심을 갖는 것이어야 저절로 커지죠. 이를 위해서는 많은 경험이 필요합니다. 그런데 몇몇 부모는 자녀가 현재 열중하는 대상에 대해 가볍게 여기고 "공부에 도움도 안 되고 이걸로 나중에 밥이나 벌어먹고 살겠냐?"라고 말하면서 싹을 자릅니다. 아이를 위한다면서 아무 생각 없이 던지는 말 한마디가 오히려 아이의 가능성을 죽일 수 있습니다.

미래가 아무리 급변하더라도 가장 안전한 투자는 자신의 강점에 투자하는 것입니다. 이 강점은 재능과 흥미의 교차점에서 찾아낼 수 있습니다. 직업이나 일이 학교에 다니듯 정해진 기간에만 하는 것이라면 능력이 더 중요할지도 모르죠. 하지만 평균수명이 길어진 시대에서는 평생에 걸쳐 일을 해야 합니다. 그래서 좋아하는 것, 즉 흥미와 관심사가 앞으로는 더 중요합니다. 세계적 자산가인 워런 버핏Warren Buffett은 어릴 때부터 투자에 흥미를 갖고 도서관에서 '금융'이라는 말이 붙은 책은 모조리 두 번씩 읽었다고 합니다.

'강점＝재능×노력', 재능이 강점이 되려면 노력을 더하는 것이 아니라 곱해야 합니다. 하지만 요즘 아이들 중에 재능에 맞는 '노력＝배움＋훈련'을 제대로 한 경우는 정말 드뭅니다. 노력을 아예 해보지도 않고 잘하는지 못하는지 머릿속으로 계산하는 건 사실 말도 안 되죠. 특히 우리나라 학생들은 경험의 폭이 매우 좁습니다. 그래서 먼저 마음이 끌리고 시간 가는 줄 모르고 즐겁게 할 수 있는 것을 찾는 것이 중요합니다. 소위 말하는 '덕질'은 어떻게 보면 지속적인 몰입을 훈련할 수 있는 에너지가 됩니다. 타고난 재능은 잠시 반짝일 수 있지만 그것을 진로(커리어)로 이어 가려면 오랫동안 몰입하고 성취하는 엄청난 에너지가 필요합니다. 이는 자기 자신에게 얼마나 동기부여를 할 수 있느냐, 즉 열정이 넘치는지에 달려 있습니다.

❖ 메타인지와 비판적 사고력

초등학생이어도 자기소개를 할 때 학년과 반만 이야기하고 마는 아이가 있는가 하면, 좋아하는 것이나 잘하는 것까지 자세하게 말하는 아이가 있습니다. 이런 아이들은 메타인지(metacognition, 자신이 얼마큼 할 수 있는지 판단하고 들여다볼 수 있는 힘)가 높을 가능성이 높죠. 즉 평생 배움의 시대에 진로 지능이 높은 아이라 할 수 있습니다. 하지만 어릴 때부터 눈에 띄는 결과가 나타나는 아이는 매우 드뭅니다.

"요즘 어린 학생들에게 진로 탐색을 강요하는데 대학에 와서 진로를 정해도 되지 않느냐?" 몇 년 전 서울대 입시 면접에서 이런 질문이 나왔다고 합니다. 어떻게 대답해야 이 관문을 통과할 수 있을까요? 합격생은 이렇게 대답했습니다. "진로는 어른이 돼서도 바꿀 수 있지만 어렸을 때부터 진로를 탐색하는 것은 자기에 대해 알아가는 과정이기에 중요합니다."

그렇습니다. 진로는 '예언'하라는 것이 아닙니다. 자기를 알아가는 여행에서 나의 가치를 극대화할 수 있도록 스스로 훈련하는 것입니다. 따라서 주어진 대로 따라 가지 말고, '찾는 능력'을 키워야 합니다. 그런 다음에 이를 설계하는 능력까지 갖춰야 하죠.

어찌 보면 성공은 씨앗이 뿌리를 내리고 자라난 다음 맺는 열매와 같습니다. 따라서 부모의 도움은 열매보다 그 열매를 맺게 하는 씨앗에 있어야 합니다. 진로교육과 인성교육은 저력을 의미하기도 합니다. 저력의 사전적 의미는 '속으로 간직하고 있는 강한 힘'입니다. 다시 말해 겉으로는 쉽게 드러나지 않지만 중요한 순간에 발휘되는 힘을 뜻합니다. 저력이 있는 아이나 그렇지 않은 아이나 성적만으로는 그 차이를 쉽게 알 수 없습니다.

그렇다면 비판적 사고력이 인성교육에서 왜 중요할까요? 얼핏 들으면 비판이라는 말 자체가 인성교육과 어울리지 않는 듯합니다. 여기서 '비판'은 사사건건 불만을 표현하고 갈등을 조장하는 '프로 불편러'를 뜻하는 게 아니라, 부조리한 현실을 아무 생각 없이 그냥 받아들이지 않고 질문하고 문제를 제기하는 것을 말합니다.

어떤 문제와 마주쳤을 때 사람은 본능적으로 문제를 해결하려는 열망과 창의력이 솟아나는데, 그 순간을 '뽀빠이 모먼츠(Popeye moments)'라고 부르기도 합니다. 이 기회를 포착해서 이타적인 목적으로 문제를 해결하는 경험이 자라나는 아이들에게 무척 필요합니다. 납득할 수 없는 사회문제를 보고 어떻게 하면 더 나아질지 함께 고민할 때 아이의 건강한 비판적 사고력을 키울 수 있습니다. 인성교육과 진로교육에 관심이 많은 부모는 자녀가 이러한 뽀빠이 모먼츠를 마주할 수 있도록 잘 연출합니다. 아이의 내면에서 더욱 나은 상태와 성장을 갈망하도록 불만족을 느끼게 하는 것이죠. 이렇듯 내면에서 착한 분노의 불꽃이 일어나도록 지적으로 자극해야 합니다. 책이나 신문 기사를 주제로 이야기를 나누거나, 함께 강연을 듣고 다양한 봉사활동과 체험활동을 하게 하는 것도 큰 맥락에서 보면 모두 도움이 됩니다.

3

자기조절력과
자기주도력

잘 참는 아이가 성공한다

우리 주변에는 자기조절력이 부족하여 자신의 잠재력을 잘 발휘하지 못하는 아이가 참 많습니다. 자기조절력이 발달하면 자기주도학습을 할 수 있기에 좋은 성적과 학습 성취감을 얻기에 유리합니다. 또한 일상에서도 감정을 조절하거나 자기관리를 잘할 수 있게 되어 도덕성 발달로까지 연결됩니다. 그러면 자연스럽게 사회에 나가서도 자신의 분야에서 성공하고 끝내 행복한 삶을 누릴 가능성이 높아지겠죠. 그래서 부모가 자녀에게 가장 바라는 것 중 하나가 바로 자기주도학습인지도 모르겠습니다.

자기조절력을 설명할 때 꼭 함께 따라다니는 실험이 있습니다. 바로 우리에게 너무 익숙한 '마시멜로 실험'입니다. 1972년 스탠포드대학교의 월터 미셸Walter Mischel 교수가 진행한 실험으로, 아이에게 마시멜로 하나를 주고 15분 동안 먹지 않으면 하나를 더 주겠다고 한 뒤 아이가 못 참고 먹는지, 아니면 끝까지 참아 내는지를 관찰했습니다. 이 실험을 보는 시각도 다양하고 실험 자체에 대한 비판도 높지만, 그럼에도 자기조절력을 가장 쉽게 이해할 수 있는 사회과학적 연구이기 때문에 자주 언급됩니다. 이 실험은 유튜브 CEO인 수잔 보이치키Susan Wojcicki로 인해 몇 년 전부터 더욱 유명해졌습니다. 구글의 16번째 직원으로 입사한 수잔 보이치키는 당시 1년도 안 된 신생기업인 유튜브를 인수하여 세계 최고의 동영상 플랫폼으로 성장시켰습니다. 또한 구글 이미지, 구글 북스, 구글 비디오 등 구글 핵심 제품의 초창기를 이끌었고, 2016년에는 포브스에서 선정한 '2016 세계에서 가장 영향력 있는 여성' 8위에 이름을 올리기도 했습니다.

당시 불확실한 신생기업이었던 구글에 입사해 뛰어난 도전정신을 보여 준 수잔 보이치키는 어릴 때 마시멜로 실험에 참여한 아이들 중 오래 참은 아이에 속했다고 합니다. 그녀의 성공담을 들은 사람들은 '마시멜로 실험이 어느 정도 신빙성이 있긴 하구나' 실감했다고 하죠. 마시멜로가 눈앞에 있어도 꾹 참듯이, 지금 당장 원하는 것이라도 미래를 위해 참을 줄 알아야 성공할 수 있습니다. 한참 스마트폰을 가지고 놀더라도 시간이 지나면 그만둘 줄 알아야 하고, 스트레스를 받거나 화가 났다고 해서 짜증과 분노를 타인에게 쏟아 내지 말아야 하며, 아무리 기분 좋은 일이 있어도 시간과 장소에 맞게 표현할 줄 알아야 합니다. 이러한 능력을 '자기조절력'이라고 합니다.

　자신의 감정과 욕구를 잘 절제하는 사람은 자기 기분이나 충동에 휘둘리지 않고 적절한 방법으로 표현하며, 자기관리와 균형을 유지할 수 있습니다. 수업 시간에는 아무리 듣기 싫고 지루해도 선생님의 말에 집중해야 하죠. 즉 수업 중에 자거나 떠들거나 밖에 나가려는 '자기 마음대로 하고 싶은 행동'을 참아야 합니다. 요즘은 교실에 상상 외로 이런 아이가 정말 많습니다. 또한 아무리 기분 나쁘고 짜증이 나도 친구들에게 화풀이를 해서는 안 됩니다. 이런 충동을 잘 참지 못한다면 아이는 자신이 속한 곳에서 외면당하게 되겠죠. 이후 점점 주변 사람들로부터 자신만 상처를 받고 있다고 여기면서 어른이 되어서도 대인관계에 어려움을 겪을 수밖에 없습니다.

◆ 자기조절력을 키우는 방법

자기조절력은 어느 정도 타고나는 부분도 있지만, 부모의 양육과 교육 방식에 따라 충분히 발달할 수 있습니다. 여러 전문가들은 자기조절력이 마치 근육처럼 연습할수록 단련된다고 말하면서,

자기조절력의 구성 요소를 크게 넷으로 나누었습니다. 바로 인지조절, 정서조절, 행동조절, 동기조절입니다. 이를 문장으로 풀어 보면, 자신이 느끼는 감정을 인지해서 조절하고, 여러 가지 생각 중에 더 유익하고 합리적인 것을 선택하는 것입니다. 이후 그 생각을 실제 행동으로 옮겨 실천하도록 열정을 불어넣는 동기부여가 필요합니다.

부모가 자녀의 자기조절력을 키워 주는 첫 번째 방법은 기본적인 애착과 친밀감을 잘 형성하는 것입니다. 애정 표현을 잘하며 온화하고 긍정적인 부모 밑에서 자란 아이들은 대체로 감정과 행동을 잘 통제하고 조절합니다. 감정의 뇌와 이성의 뇌가 밀접하게 연결되어 있기에 안정된 정서를 바탕으로 자기 감정을 조절하면서 꾸준히 인내할 수 있는 것입니다.

뇌 속 전전두엽에는 안와전두피질이라는 부위가 있는데요. 전전두엽은 모든 감각기관에서 들어온 정보를 분석하고 통합해 가장 적절한 사고와 행동을 도출시키는 부위입니다. 전전두엽 안에 있는 안와전두피질은 적절한 외부 자극을 통해 발달하는데, 특히 안정된 애착과 신뢰에서 오는 긍정적인 자극이 중요합니다. 자극을 적절히 주지 않으면 잘 발달하지 못한다고 하죠. 애정이 넘치고 긍정적인 태도를 가진 부모를 보며 자란 아이들은 부모처럼 자기 감정과 행동을 잘 조절하면서 짜증 내거나 화를 내며 좌절하는 일이 상대적으로 드물어지므로 공격성과 문제 행동이 덜 나타납니다. 더불어 감정 기복이 심하지 않아 정신적 에너지를 덜 소모하게 되므로 머리를 써서 집중해야 하는 일을 잘할 수 있습니다. 그래서 모든 문제를 해결해 주는 마법 같은 해결책은 없겠지만, 모두를 가장 만족시켜 주는 보편적인 방법이 있습니다. 바로 '행복하고 평안한 가정'입니다.

아이들마다 마음 상태와 꿈이 다르지만 긍정적인 반응과 메시지야말로 꾸준히 힘을 내고 성장하는 원동력이 됩니다. 부모가 평소에 희망으로 북돋아 주면 자녀의 마음이 안정되고 긍정적인 기대감이 생깁니다. 그러면 적극적이고 능동적인 태도로 미래를 구체적으로 계획하고 싶어 하죠. 이와 동시에 부정적인 스트레스를 극복하고자 시도합니다. 거절이나 좌절감 등을 겪을 때 아이들은 불완전하고 나약한 존재인 자신을 직시하면서 어디엔가 의존하려고 합니다. 이때 부모와 선생님이 희망의 숨결을 불어넣어 주면 숨통이 트이고 안정감을 느끼죠. 실제로 긍정적인 기대감을 가진 낙천적인 아이들은 그렇지 않은 아이보다 같은 어려움을 만나도 더 잘 인내하며 대처합니다.

자기조절력을 키우는 두 번째 방법은 자기 본능대로 행동하려고 할 때 '명확한 한계'를 설정하고 이를 통해 '구체적으로 통제'하는 것입니다. 따라서 부모 먼저 약속을 지키는 단호하고 일관된 모습을 보이면서 자녀가 어릴 때부터 구체적인 원칙과 규칙을 정할 수 있도록 해야 합니다. 이후 부모와 자녀 모두 약속을 함께 지켜 가는 것이죠. 이때 인내를 강요하는 대신 당연하게 인내할 수 있는 '사고력'을 먼저 길러 주는 것이 효율적이며 훨씬 오래 지속됩니다. 자기조절력 또한 내면에서 납득될 때만 생기지, 윽박지른다고 해서 생기지 않습니다. 아이들은 자라면서 자신이 진정으로 바라는 가치 있는 욕구와 순간적으로 나타나는 욕구를 구분하고, 인내력이 삶을 좌우한다는 것을 알게 됩니다. 즉 '경험'을 통한 '배움'의 영역이죠. 따라서 부모는 자녀를 압박하거나 무리하게 하지 않는 선에서 자녀에게 인내하는 습관을 들이는 방법을 고민해야 합니다.

자기주도력은 학습에 한정되지 않는다

자기주도력은 누군가의 강요 없이도 스스로 공부하는 능력만 뜻하지 않습니다. 그 본질은 스스로 목표를 설정하고, 이를 실행하며 피드백까지 할 수 있는 것이죠. 이 과정이 진정한 자기주도학습이라 할 수 있습니다. 자기주도력을 갖춘 아이들은 공부하기 싫거나 몸이 힘들어도 자신이 구체화한 학습 목표에 따라 알아서 행동합니다. 또한 앞서 언급한 자기효능감까지 갖추었을 때는 나쁜 성적이 나와도 자신의 문제점을 분석하며 성실성과 집중력을 잃지 않죠. 하지만 자기주도력이 부족한 아이들은 꾸준히 집중하지 못하고 끈기가 부족하여 시험 기간에만 잠깐 집중할 뿐입니다. 그것도 학원에서 나눠 준 기출문제 위주로 '수박 겉핥기'식 공부를 하죠. 그 때문에 성적이 제자리걸음이거나 갈수록 더 떨어집니다.

이 같은 자기주도력은 공부에서만 발현되는 것은 아닙니다. 살아가면서 대상이 바뀌고, 범위도 훨씬 넓어지죠. 학생일 때는 학업이 중요하므로 자기주도력을 활용할 대상이 공부일 뿐입니다. 따라서 자기주도력을 공부로만 한정해서 자기주도학습으로만 판단하면 안 됩니다. 자녀가 흥미를 가지고 몰두하는 것에 대해서 자기주도력을 발현할 수 있도록 지켜봐야 합니다. 이러한 과정을 겪지 못한 아이들 중에는 훗날 '좌절결핍증'에 걸리는 경우도 많습니다. 좌절결핍증이란 성장하는 동안 필요한 좌절을 겪지 않아 조금만 힘든 일을 만나도 제대로 대처하지 못하고 포기하거나 타인을 비난하는 심리적 현상을 말합니다. 성장하는 과정에서 작은 좌절과 실패를 통해 내성을 키워야 하는데, 부모가 갈등이 될 만한 것이나 괜히 시간과 힘만 낭비할 듯한 것(부모 관점에서 공부 외에 쓸데없어 보이는 것들)을 미리 차단하면 이런 일이 일어날 수 있죠. 자신의 노력과 능력에 비해 쉽게 목표를 이루었던 적이 너무 많아도 좌절결핍증이 발생할 수 있습니다. 작은 좌절들을 통해 '인생이 내 마음대로만 되는 건 아니구나'를 깨달으며 내성을 키워야 하는데 그렇지 못하니까요.

　이러한 자기주도력의 씨앗을 먼저 키워야만 자기주도학습도 가능해집니다. 가정에서는 일상에서 자녀가 자기주도활동을 쌓아 갈 수 있게 지도해야 합니다. 예를 들어 자녀에게 가족 여행을 계획하고 추진해 보라고 할 수도 있고, 여행 계획의 일부만 준비해 보라고 유도할 수도 있죠. 요리를 함께하는 방법도 있습니다. 실제로 시켜 보면 아이들은 유튜브를 통해 재료와 레시피를 알아내서 잘 따라 하죠. 키가 작아서 고민이었던 어떤 아이는 부모와 함께 키 크기 프로젝트를 진행했다고 하더군요. 이를 위해 꾸준히 줄넘기, 농구, 수영 같은 운동을 하고, 인스턴트 음식 대신 양질의 음식을 골고루 먹으며, 스마트폰을 줄이고 일찍 잔다는 계획을 세웠다고 합니다. 이처럼 공부와 다소 관련성이 떨어지더라도 이를 실천하는 것 자체가 자기주도력을 키우는 경험이 됩니다.

4

윤리적 사고와
책임감 있는 도덕성

마음을 지켜 주는 파수꾼을 세우자

요즘 회귀물을 다룬 영화나 드라마가 인기가 많죠. 많은 사람이 이러한 작품들을 보면서 이런 상상의 나래를 펼치기도 할 겁니다. '만약 누가 나와 내 아이에게, 불공정하고 불의하지만 일생일대 최고의 특혜를 받는 기회를 준다고 제안하면 어떻게 할까?'

상상을 초월하는 돈, 최고의 재능과 능력, 우월한 지위와 힘, 시간을 되돌리는 능력 등을 준다면 과연 갈등 없이 바로 거절할 수 있을까요? 아무리 불공정하더라도 저라면 가슴이 두근거리고 이리저리 계산부터 해볼 것 같습니다.

2015년 흥사단 투명사회운동본부 윤리연구센터는 우리나라 초·중·고생 1만 1,000명을 대상으로 '2015년 청소년 정직지수' 설문조사를 진행했습니다. 이 설문조사는 사회에 많은 충격을 던졌는데, '10억 원이 생긴다면 잘못을 하고 1년 정도 감옥에 들어가도 괜찮다'는 항목에 설문조사에 참여한 고등학생 중 57%가 괜찮다고 응답했기 때문입니다. 즉 절반 넘는 아이들이 자유와 윤리보다 돈의 가치를 더 중요하게 여긴 것입니다.

우리 자녀들은 앞으로 수많은 선택의 길목에서 합리적이고 이성적인 결정을 내려야 합니다. 어릴 때는 부모의 보살핌 속에서 부모의 지시대로 선택했지만, 나이가 들수록 자신만의 세계를 구축해 나갈 것입니다. 그때마다 부모가 '감 놔라 배 놔라' 참견할 수는 없겠지요. 살아가면서 마주하는 다양한 선택에서 가장 중요한 기준으로 삼아야 할 것은 '윤리성'과 내 삶을 지속할 수 있는 '안정성'입니다. 이러한 기준이 자리 잡도록 부모가 아이 곁에서 도와주어야 합니다.

요즘은 우리나라도 더 이상 마약청정국가가 아닙니다. 연예인뿐만 아니라 일반인, 심지어 십 대 청소년도 텔레그램 등을 통해 쉽게 마약을 구할 수 있고, 원하지 않는 사람들에게 노출되기도 하죠. 미국에 이민 간 한국 부모들의 이야기를 들어봐도 자녀를 키울 때 가장 두려운 것이 바로 총기와 마약이라고 합니다. 어떤 청년도 청소년기 미국에서 방황하다가 마약을 하던 친구의 제안에 마약에 손을 댈 뻔했다고 하는데요. 그 순간 새벽마다 기도하는 엄마의 얼굴이 떠올라 친구의 말을 거절했다고 합니다.

이처럼 인간에게는 눈에 보이지 않지만 '선한 양심'이 존재합니다. 이 선한 양심은 '마음의 파수꾼'으로서 나쁜 유혹이 마음속에 몰아치지 않도록 막아 냅니다. 또한 결정적인 순간에 '선'을 지킬 수 있도록 브레이크를 걸어 안전선을 보장합니다. 그래서 부모는 선한 양심이 발달하도록 "어떤 게 더 중요하고 가치 있는지 생각해 봐"라고 물으며 지도해야 합니다. 그러면 자녀의 마음에는 순간의 욕망과 쾌락이 아닌, 더욱더 의미 있는 것을 선택하는 능력이 강해질 것입니다. 또한 현상만이 아니라 본질에 가치를 두는 사람으로 성장할 것입니다.

◆ 결과와 과정, 수단과 목적의 조화

몇 년 전 한 치과 의사가 100여 명의 환자에게 고가의 시술을 유도하고자 멀쩡한 치아를 뽑는 등 과잉 진료를 한 사건이 뉴스에 나온 적이 있습니다. 피해자들은 상해 수준의 과잉 진료로 극심한 고통을 겪고 트라우마에 시달리고 있었죠.

대부분의 부모는 자녀가 좋은 대학을 졸업하면 훌륭한 직업을 가지고 성공할 것이라고 생각합니다. 솔직히 부모가 자녀교육에 총력을 기울이는 이유 중 하나이기도 하죠. 그런데 정작 바라는 대로 좋은 직업을 얻었을 때 자신의 권한을 어떻게 행사하는지 모르는 경우가 종종 있습니다. 똑같은 직업에 종사해 똑같은 일을 해도 윤리의식과 도덕성에 따라 다른 모습이 펼쳐지죠. 모든 치과의사가 이 치과의사 같지는 않을 것입니다. 그러나 가습기 살균제 사건이나 주가 조작 같은 범죄처럼 지식과 힘을 가진 사람들의 윤리의식과 도덕성이 부재할 때 사회에는 큰 혼란이 찾아옵니다. 이러한 일을 저지르는 사람들은 삶의 가치관에 대해 누군가 제대로 가르쳐 주지 않았거나, 그에 대해 진지한 대화를 나눈 적이 별로 없을 수 있습니다.

자녀의 윤리의식과 도덕성을 위해 부모가 가르쳐야 할 것은 너무나 단순명료합니다. 전문가가 아닌 이상 가정에서 거창하게 가르칠 수 없어요. 다음과 같은 중요한 원칙만 일러 주면 됩니다.

- 자기 좋고 편하자고 남을 괴롭히고 피해 주는 일은 절대 안 된다.
- 선택에는 책임이 따르고 권리에는 의무가 따른다.

간혹 아이들이 즐거움을 위해 장난을 과하게 치다가 상대방에게 피해를 줄 때를 종종 보곤 합니다. 분명 나는 재미있는데 다른 사람은 상처를 받게 되죠. 실제로 여러 설문조사에서 폭력을 가한 아이들은 폭력의 이유에 대해 '재미난 장난' 또는 '특별한 이유가 없다'고 응답하기도 했습니다. 부모들은 더욱 긴장해야 합니다.

내 아이만 좋다면 설령 잘못을 저질러도 괜찮다는 이기적인 풍토에서 자녀에게 '내가 재미있어도 남이 싫어하면 절대 해서는 안 된다'고 어릴 적부터 수시로 가르쳐야 합니다. 이에 대해 학교에서 배울 테고, 사회에 나가면 알아서 할 것이라고 생각하면 큰 오산입니다. 이런 것은 가정에서 부모가 먼저 가르쳐야 합니다.

윤리적으로 행동하고 정의를 추구하는 사람이란 자신의 가치관에 따라 올바른 행동을 하고, 타인의 권리를 인정하며, 부조리한 상황에 맞서고 개선할 수 있는 사람입니다. 그래서 항상 도덕적인 책임의식을 어릴 때부터 틈틈이 생활화하는 게 중요합니다. 지금 당장은 손해 보는 것 같더라도 도덕적 판단이 낳은 열매가 더 의미 있고 숭고하다는 것을 알려 줘야 합니다. 이를 통해 아이는 도덕적인 행동은 장기적으로 성공의 지름길이고, 그 끝에 행복의 선순환이 있다는 사실을 깨닫게 됩니다.

또한 부모는 자녀의 '수행 인성'과 '도덕 인성'이 균형 잡히게 발달하도록 신경 써야 합니다. 대부분 부모는 자녀가 경쟁에서 우위를 차지하는 것을 우선이라 생각하기에 학업을 중요시합니다. 이때 수행 인성을 갖추면 굉장히 유리합니다. 수행 인성은 한 개인이 자신의 잠재력을 발견하고 성취하기 위해 긍정적인 태도, 성실함, 인내심, 직업윤리 등을 갖추는 것을 말합니다. 이는 개인의 행복과 성공뿐 아니라 사회 발전의 원동력으로도 작용합니다.

이와 더불어 도덕 인성도 발달되어야 합니다. 도덕 인성에는 정직, 정의감, 인간 존중, 협력, 나눔, 배려심 등이 포함됩니다. 남보다 더 잘난 사람이라는 우월감에 중독되면 자신의 성공을 위해 타인을 희생시켜도 된다고 여기기 쉽습니다. 만약 수행 인성만 있고 도덕 인성이 부족하다면 세상은 해를 끼치는 범죄자로 가득 찰 것입니다. 특히 내 아이가 공부를 잘하고 성취 능력이 우수하다면 더욱더 도덕 인성 발달에 신경 써야 합니다. 인성이 좋은 학생들은 자신의 목표를 향해 최선을 다할 뿐 아니라 인간성과 윤리의식을 바탕으로 더욱 나은 사람이 되기 위해 노력합니다. 사회는 치열한 생존 경쟁만 존재하는 정글이 아닙니다. 치열한 선의의 경쟁은 당연히 존재하지만 결국에는 강자와 약자 모두 함께 행복하게 살아간다는 것을 가르칠 필요가 있습니다.

◆ 보이는 행동과 함께 마음의 태도를 바꾸는 과정

"아무도 보지 않을 때 하는 행동이 그 사람의 진짜 모습이다"라는 말이 있습니다. 성숙한 인격은 타인이 나를 평가하는 척도가 되죠. 기본만 잘해도 되는 세상에서 예의 바르고 배려하는 사람으로 자랄 수 있게 가정에서 기본을 가르치는 것이 중요합니다.

그런데 많은 부모가 자녀가 잘못된 행동이나 태도를 보일 때 당장 문제 행동이 바뀌기만을 바라며 겉모습의 변화에만 초점을 맞춥니다. 실제로 학생들의 태도를 교정하다가 저는 부모의 의도와 자녀의 반응이 서로 다를 때를 종종 마주했습니다. 어쩌면 부모와 자녀의 '동상이몽'인지도 모르겠네요.

겉으로 보이는 변화와 개선에만 초점을 맞추다 보면 부모와 자녀의 관계가 점점 서먹해지고 심하면 깨지기도 합니다. 그러면 변화와 성숙도 기대할 수 없게 되죠. 따라서 먼저 충분한 대화를 통해 자녀를 타이르며 마음을 열게 해야 합니다. 자녀가 부모를 신뢰할 수 있어야만 비로소 행동 교정이 시작됩니다. 먼저 아이가 문제의 본질을 바라보게 하고, 이로써 마음의 변화가 일어났을 때 행동도 바뀔 수 있도록 지도해야 합니다.

이때 적절한 질문을 사용하면 좋습니다. 여러 딜레마 상황을 가정하고 계속 질문을 던지면서 자녀 스스로 윤리 기준을 세워 나갈 수 있도록 도와주는 것이죠. 세계적인 윤리 전문가 브루스 와인스타인Bruce Weinstein은 『윤리지능』이라는 책에서 윤리적 문제 상황을 마주할 때 스스로 던져야 하는 질문 다섯 가지를 소개했습니다.

1. 남에게 해를 끼치지 않는가?
2. 상황을 개선할 수 있는가?

3. 상대방을 존중하는가?

4. 공정한가?

5. 애정 어린 행동인가?

이러한 질문으로 스스로 판단하며 개선해 본 적이 많은 아이는 어떠한 유혹이 다가와도 내면이 단단하고 건강하게 자랄 것입니다.

사람은 누구나 실수를 하고 잘못을 합니다. 자라나는 아이들은 더욱 그러할 테죠. 자녀의 실수나 잘못은 부모와 자녀가 함께 무엇을 바꿔 가야 좋을지 발견할 수 있는 기회입니다. 취조하는 형사나 판결을 내리는 판사처럼 옳고 그른지 판단하려 하지 말고, 사랑과 친밀함으로 다가간다면 자녀의 변화와 성숙을 충분히 끌어낼 수 있을 것입니다.

5

공감 능력과 사회성

정서적 능력의 가치를 안다는 것

사회를 좁은 의미로 바꾸면 '집단'으로 표현할 수 있습니다. 아이들은 주변의 또래 친구들과 사귀면서 사회생활을 시작합니다. 어느 집단이든 공동의 방향과 목적이 있고, 그걸 잘 유지하기 위해 개인은 알게 모르게 일정한 역할을 맡습니다. 이 과정에서 우리는 '사회성'을 평가받습니다. 사회성이 좋다고 인정받는다는 것은 그 집단이 요구하는 역할에 탁월함을 보여 도움을 주고 이로써 존재감을 드러낸다는 뜻일 겁니다. 사실 아이들도 학년이 올라갈수록 점점 사회성에 신경 쓰기 시작합니다. 활동 범위가 넓어지고 점점 엮이게 되는 사람도 많아지기 때문입니다.

아이러니하게도 과학기술이 발달할수록 사회성과 정서적 능력의 중요성이 강조됩니다. 미래 직업의 예를 들어보겠습니다. 세무사, 회계사, 은행원 등 정교하지만 정형화된 계산 업무를 하는 금융 관련 종사자는 인공지능으로 대체될 가능성이 매우 높습니다. 하지만 고객과 직접 대면하거나 상담하는 컨설팅과 영업은 인공지능으로 하기 힘듭니다. 결국 모든 업무에는 사회성과 커뮤니케이션 능력이 정말 필요합니다.

하지만 디지털 미디어와 비대면 환경의 발달로 대인관계가 서툴거나 심지어 기피하는 현상이 늘어났습니다. 많은 사람이 감정을 조절하고 표현하는 법이 서툴며, 정서가 메말라 가다 못해 타인의 감정에 공감하지 못하는 문제가 속속 나타나고 있죠. 이 때문에 이제는 진정성이 넘치면서 누구와도 거부감 없이 의견을 원활하게 소통할 수 있는 사람이라면 그 자체만으로도 큰 능력을 소유한 인재가 됩니다. 정서적 능력이 높은 사람은 타인의 감정을 잘 이해하고 공감하는 데 능숙하여 어디서나 환영받게 됩니다.

정서적 능력은 타인과 감정을 교류하며 공감대를 넓혀 가는 사회적 상호작용 기술로 매우 기본적이고 중요한 커뮤니케이션 능력입니다. 또한 정서적 능력은 타고나는 것이 아니라 어릴 때부터 체계적인 훈련과 학습을 통해 향상될 수 있습니다. 이러한 정서적 능력의 기초가 되는 감성 자질과 감정 반응은 인성교육에서 중요한 요소 중 하나입니다.

타인과 잘 공감하려면 자신의 감정을 먼저 이해할 수 있어야 합니다. 전문가들도 자신의 복잡한 감정을 스스로 살피지 못한 상태에서는 타인의 입장이나 처지를 제대로 살필 수 없다고 설명합니다. 먼저 나의 내면에서 다양한 감정이 왜 생기는지 알고 조절할 수 있을 때 비로소 타인의 입장이 보이고 원활하게 공감할 수 있다는 것이죠. 따라서 부모는 자녀의 정서를 헤아리는 것이 얼마나 중요한지 실감하고, 자녀가 자신의 감정을 잘 인식하고 반응할 수 있도록 도와주어야 합니다. 이를 바탕으로 감성 자질 교육은 타인의 감정을 읽고 그에 맞춰 타인과 소통하는 능력을 향상하는 쪽으로, 감정 반응 교육은 타인의 감정을 이해하고 적절한 대처 방법을 찾아내는 방향으로 이루어집니다.

◆ 사회성을 발달시키는 인성교육

어른의 사회생활이 중요하듯, 아이들도 친구와 어떤 사이인지가 참 중요합니다. 미취학까지는 자신의 요구에 눈높이를 맞춰 주거나 제한을 설정하는 부모와 수직적인 관계를 맺었다면, 이제 아이들은 친구와 서로 협상하고 타협하는 수평적 관계를 맺어야 합니다.

부모는 자녀가 사회성이 좋아지는 걸 넘어서 친구들 사이에서 인기가 많기를 내심 바라기도 하죠. 많은 연구 결과를 보면 친구를 잘 사귀는 아이들은 다른 사람의 감정과 생각을 잘 읽고 적절하게 대응할 줄 안다고 합니다. 이런 아이들은 서먹한 친구들에게 먼저 다가가 공통된 관심사나 놀이를 효과적으로 선택해 제안하죠. 즉 상대방을 먼저 '관찰'할 줄 압니다. 또한 친구의 감정을 표정이나 행동 등 비언어적인 요소를 통해 파악할 줄 안다고 하죠. 그래서 친구들과 놀다가도 갈등이 일어나면 친구가 왜 그런 행동을 하는지 잘 이해합니다. 이처럼 상대방의 상태를 순간적으로 관찰하고 판단한 다음에 그에 맞는 접근이나 반응을 보이는 것이 올바른 커뮤니케이션의 기본입니다.

그런데 많은 사람이 사회성과 사교성을 오해하기도 합니다. 외향적이어서 다른 사람들을 쉽게 사귀는 능력이 사교성이라면, 사회성은 관계를 지속하는 힘뿐만 아니라 사회의 규범과 규칙, 법에 적응하는 능력까지 포함합니다. 즉 사회성은 사교성보다 더 넓은 개념으로 배려심, 책임감, 공감 능력 등이 포함되어 있습니다. 따라서 사람들에게 잘 다가가서 마음을 열게 하고 유머가 넘치며 재밌게 잘 논다고 해서 다 사회성이 좋은 것은 아닙니다. 또한 내성적이고 조용하다고 해서 사회성이 부족한 것도 아니죠.

상대방의 의견이 어떤 처지와 기분에서 나왔는지 상대방의 입장에서 생각해 보는 능력, 즉 상대방의 마음에 공감하는 능력은 아주 고차원적인 사회성의 영역에 해당됩니다. 또한 사회성 발달에는 충돌이나 갈등이 생겼을 때 의견이 다른 사람들과 적절히 합의하며 평화적으로 해결할 수 있도록 돕는 능력도 포함됩니다.

무엇보다 우리나라는 어릴 적부터 다른 사람의 경계를 존중하는 교육도 동시에 진행해야 합니다. 아무리 친하고 편해도 모든 관계에서는 지켜야 할 질서와 경계와 거리가 있다는 것, 즉 각자만의 공적인 영역과 사적인 영역을 지켜야 한다는 점도 중요하게 가르쳐야 할 시대가 된 것이죠. 이런 교육은 가정에서 부모가 애정을 가지고 해줘야지, 그 누구도 대신할 수 없습니다. 어릴 때부터 이를 해주지 않으면 자녀의 인간관계가 불행해질 뿐만 아니라, 자녀가 자기보다 조금만 약한 상대를 만나면 마치 갑질하듯 무례하게 굴 수 있습니다. 따라서 부모는 타인의 경계를 존중하는 인성교육에 특히 신경 써야 합니다.

사회성과 협업 정신은 가정으로부터

'집단지성'이라는 말이 있듯이 이제는 혼자서 할 수 있는 것은 아무것도 없습니다. 당장 우리가 신체 일부처럼 매일 사용하는 스마트폰만 하더라도 전 세계의 자원과 기술이 집약된 것이죠. 실제로 세상을 바꾸는 혁신과 창의력도 천재 한 사람이 아닌 수많은 집단지성의 협업 속에서 나옵니다. 그런데 이런 시대에 사람들이 '우리 아이'와 함께 일하고 싶어 하지 않는다면 어떻게 될까요? 따라서 인성은 단순히 착한 성품만 의미하는 것이 아니라, 구체적으로 표현하자면 '함께 일하고 싶은 사람인가?'로 말할 수 있습니다.

안타깝게도 몇몇 부모는 자녀에게 친구와 협력하고 배려하는 방법보다는 은연중에 친구를 경쟁자나 불필요한 존재로 인식하도록 가르친다고 합니다. 진짜 인성 좋은 아이는 스펙보다 특별한 목적과 비전을 마음에 품습니다. 개인적인 성공보다는 함께 누리는 기쁨을, 치열한 경쟁보다는 함께 협력하는 것을 목표로 정하죠. 온 세계가 하나로 연결되는 초연결 시대에는 이런 건강하고 바른 내면을 가진 존재가 빛을 발합니다.

사회성과 협업을 키워 주기 위해 거창한 봉사활동을 신청할 필요는 없습니다. 가정 내에서 매일매일 충분히 소통하는 것이 더 중요하죠. 아무리 가족이어도 소통에 힘쓰지 않으면 서로 겉도는 경우가 정말 많습니다. 가족 간 소통이 사라지는 것은 바빠서가 아니라 관심과 시간을 쏟아야 하는 본질적인 이유를 깨닫지 못해서입니다. 가족 모두 스마트폰에 빠져 있는 사이에 자녀의 인격과 정서와 유대감은 메말라 갑니다. 스마트폰에서 만나는 그 어떤 사람의 이야기도 지금 이 순간 곁에 있는 자녀의 소소한 재잘거림에 비할 바가 못 되죠. 부모는 먼저 자녀가 부모 품 안에서 안정감을 충분히 느낄 수 있게 해야 합니다. 아이의 마음에 공감할 준비가 되어 있다면, 주변에 교감하고 소통할 것은 엄청 많습니다. 소통하는 방법은 생각보다 간단합니다. 부모와 자녀 사이를 '불통'하게 만드는 그것과 불통하면 됩니다.

잠깐이라도 스마트폰을 내려놓고 현재의 편안함보다 미래의 자녀 모습을 그려 보세요. 그러면 '아이의 미래가 내가 통제 가능한 스마트폰 사용 시간에 달려 있다'는 경각심이 들면서 조금이라도 아이들과 더 눈을 맞추고 놀아 주게 됩니다. 가족 간의 소통과 화목도 거저 얻는 것이 아닙니다. 충분히 노력하고 자녀가 소중한 대상임을 깨달을 때 시간을 허비하지 않게 될 겁니다.

6

공동체에
기여하려는 마음

◆ 갈수록 중요해지는 공동체 의식

세계적인 명문대에서는 사회에 공헌할 수 있는 인재 양성에 목적을 둡니다. 따라서 지원자가 '중·고등학교를 다닐 때 학교와 주변 사회에 어떤 선한 영향력을 미쳤는가'를 중요하게 살핍니다. 그리고 작더라도 '공동체에 선한 영향력을 끼칠 수 있는 잠재력을 가졌는가'를 평가하죠. 또한 이를 제대로 파악하기 위해 여러 평가 도구를 마련해 두고 있습니다.

공동체 의식은 자신이 속한 집단이나 사회에 대해 소속감과 애착을 가지고 공동의 이익을 위해 기여하는 의식으로 이제는 더욱더 중요한 가치가 되었습니다. 몇 년 전부터 주목받고 있는 ESG는 환경(environment), 사회(social), 지배구조(governance)의 약칭으로 기업의 '사회적 책임'을 강조하는 용어입니다. 이처럼 2020년대에 들어서 소수보다는 전체에 유익한 사고방식의 중요성이 커지고 있습니다.

이제 우리나라도 이상기후로 인해 여름마다 큰 수해와 심각한 인명피해를 겪고 있습니다. 흉악한 범죄도 증가하면서 일상적인 공간을 지나는 것도 불안해지고 있죠. 이러한 재난과 사건 사고들은 사회 구성원 모두가 제 위치에서 '온전한 인성의 사람'이 되지 않으면 결코 해결할 수 없습니다. 따라서 우리 아이들에게 공동체 의식은 이제 필수이며, 사회적 변화의 책임을 학교뿐 아니라 가정과 사회가 함께 짊어져야 합니다. 자녀의 공동체 의식을 자연스럽게 키우는 방법 중에 하나는 부모가 솔선수범하여 공동체나 지역 사회 발전을 위해 즐겁게 봉사하는 모습을 보여 주는 것입니다. 부모의 이러한 모습을 보고 아이는 '남을 위해 내 시간과 에너지를 쓰는 것은 멋지고 행복한 일이구나' 하고 자연스럽게 깨닫게 됩니다.

무엇보다 공존은 경쟁으로 괴로워하고 힘들어하는 아이들에게 행복의 길이 무엇인지 알려 주는 소중한 길잡이가 됩니다. 경쟁에 지친 아이들은 점점 모든 존재가 자신에게 이로운 건 아니라는 점을 본능적으로 알아 갑니다. 하지만 이 과정에서도 이 세상의 모든 존재는 나름의 존재 이유가 있다는 것을 겸허히 받아들이는 게 무척 중요하죠. 즉 아이들은 비록 좋아하는 마음이 들지 않더라도 세상의 모든 존재를 존중하고, 서로 협력하며 살아가야 한다는 양심과 공존의 의미를 배우게 됩니다.

⋮◆ 올바른 삶의 목적을 주입하는 방법

진로 상담을 할 때, 저는 자기이해가 되지 않아서 꿈이 없거나 무기력한 아이를 많이 만납니다. 때로는 '꿈 지도'나 '버킷리스트 작성'으로 동기부여를 갖도록 지도하지만, 몇 년 전부터 이마저 통하지 않는 아이가 부쩍 늘어났습니다. 애써 고생하지 않아도 이미 다누리고 살기 때문이죠. 아이 하나를 위해 집안 어른 여덟 명이 지갑을 연다고 해서 '에이트 포켓(eight pockets)'이란 말이 있을 정도로, 요즘 아이들은 역사상 유례없는 풍족한 환경에서 자라는 중입니다. 이런 아이들에게 물질적인 보상과 자극은 더 이상 통하지 않습니다. 실제로 학부모에게 많이 받는 부탁 중 하나가 무기력하고 '꿈쩍 않는 아이'를 움직이게 해달라는 것이었죠. 대학생 아들을 둔 어떤 부모님은 저에게 아들이 군대 가기 전에 고등학생 때 코칭했던 대로 열정을 불어넣어 달라고 부탁하기도 했었습니다.

그렇다면 이런 아이들의 동기부여는 어떻게 시켜야 할까요? 풍족한 세상에서 의도적 결핍을 가르치기 어렵다는 것은 알지만, 의도적 결핍을 통해 절제하고 베푸는 모습을 배울 수 있도록 부모는 의식적으로 노력해야 합니다. 특히 육체의 결핍을 채워 주는 물질적인 풍요로움이 아니라, 삶의 의미를 채워 주는 영혼의 풍요로움을 충족시켜 주려고 해야 합니다. 실제로 지금은 삶의 의미와 목적을 생각할 줄 아는 사람이 건강한 인성을 갖추고 행복한 인생을 누릴 수 있습니다. 다중지능이론으로 유명한 하워드 가드너Howard Gardner 교수는 삶의 의미와 목적을 추구하는 것도 '지능'이라면서 개발해야 한다고 주장했습니다.

이제는 너무나도 유명한 하워드 가드너의 다중지능이론은 진로교육에 있어 매우 중요한 개념입니다. 다중지능이론에서는 인간에게는 소질과 능력에 따라 여덟 가지 지능이 있다고 봅니다. 각각 언어지능, 논리수학지능, 음악지능, 공간지능, 신체운동지능, 대인관계지능, 자기이해지능, 자연친화지능입니다. 여덟 가지 지능은 개인마다 서로 다르게 나타나는데, 이를 통해 '개인의 적성과 특성'을 알 수 있다고 하죠.

하워드 가드너는 이후 아홉 번째 지능인 실존적 지능(영적 지능)을 제시합니다. 실존적 지능은 인간 존재의 이유, 삶과 죽음, 희로애락, 인간의 본성 등 철학적이고 실존적인 사고를 할 수 있는 능력을 말합니다. 이 지능은 자아성찰을 통해 자신이 살아가는 세상과 인간 본질에 대해 깊이 이해할 수 있게 하죠. 한마디로 '삶의 근본적인 의미'를 추구하는 지능으로, 인공지능과 기계가 감히 따라올 수 없는 인간만의 고귀한 지능이라고 할 수 있습니다. 이 아홉 번째 지능은 앞서 소개한 여덟 가지 지능이 잘 개발되도록 돕는 역할을 합니다. 또한 실존적 지능이 높은 사람은 다른 사람을 이해하고 공감하는 능력과 사회 정의를 추구하는 능력도 높습니다. 즉 실존적 지능과 공동체 의식은 서로 밀접한 관련이 있죠.

부모라면 자녀의 실존적 지능을 일깨우면서 자녀에게 크고 귀한 꿈을 가질 수 있게 지도해야 합니다. '세상의 부족함을 어떻게 채우고 세상을 더 행복하고 이롭게 할지' 빛나는 비전을 가질 수 있게 도와주는 것이야말로 부모의 역할입니다.

◆ 고되고 어려운 상황을 선택하게 하자

2023학년도 서울대 합격생의 자기소개서를 살펴보면, 서울대에서 '지원자의 사회의식'에 주목한다는 것을 알 수 있습니다. 특히 심리학과에 합격한 세 학생의 사례에는 몇 가지 공통점이 있었는데요. 그중 하나가 ESG, 노인 혐오, 사회적 약자 같은 사회문제에 관심과 열의를 보였다는 것입니다.

부모들이 자녀교육에 힘쓰는 이유 중에 하나는 어느 분야에서든 성공하고 나이가 들수록 선도하는 '리더'가 되었으면 하는 바람일 겁니다. 그런데 우리나라 사람은 리더란 모름지기 완장을 달거나 군림하며 지시하고 특권을 누리는 등, '배부르고 편한 자리'로 많이 생각합니다.

한편 자녀교육에 많은 노력을 쏟는 유대인 부모는 자녀가 진정으로 도달하기를 바라는 리더상으로 '멘쉬(mensch)'를 꼽습니다. 멘쉬는 성공, 부, 명예와 상관없이 주위로부터 완전한 신뢰를 받는 사람입니다. 유대인은 대기업 회장이든, 의사든, 대통령이든, 백만 장자든 지위에 상관없이 누구라도 한계를 가지고 있다고 생각합니다. 멘쉬는 타인과의 관계에서 정직하며, 자신보다 어려운 사람을 도와줌으로써 행복을 느끼고 좀 더 나은 관점에서 자신을 돌아볼 수 있는 사람을 말합니다. 또한 어려운 길을 택하더라도 옳은 일을 하는 인간, 자신이 갖고 있는 지식·돈·시간 등을 사회에 환원함으로써 타인과 세상을 이롭게 하는 사람을 뜻합니다. 유대인들은 훌륭한 인성을 가지고 옳은 일을 하려는 사람이라면 누구나 멘쉬가 될 수 있다고 여깁니다.

만약 부모가 진짜 리더란 편하게 사는 존재가 아니라 헌신해야 하는 사람임을 안다면 그릇도 안 되는 아이에게 무조건 리더가 되라고 재촉하지 못할 것입니다. 먼저 아이가 리더로써 마음의 그릇을 만들 수 있도록 응원해야 합니다. 이제 세상에 독불장군은 없습니다. 과거처럼 일방적으로 명령하며 기득권을 누리는 사람은 리더가 될 수 없을뿐더러 오히려 훗날 큰 조롱거리가 되거나 법적 문제를 일으킬 수도 있죠. 따라서 '명문대를 나온 외톨이'로 만들기보다는 공동체에 기여하는 인재를 키운다는 생각으로 자녀교육에 임할 필요가 있습니다. 즉 자녀에게 공부를 무조건 잘해야 한다고 말하기보다는 자신이 속한 사회를 관찰하고, 그 안에서 나의 역할과 의미를 찾아가도록 지도해야 하죠. 그리고 가능하다면 학교생활이든 다른 어떤 것이든 '더 귀찮고 고되고 어려운 상황'을 선택하게 하는 게 좋습니다. 부모가 용기 내어 자녀에게 의도적 결핍에 도전하게 하면 원만한 대인관계와 희생·봉사 정신을 몸에 익힌 사람으로 성장해 훗날 사회에서 존경받는 리더가 될 수 있을 것입니다.

인성과
진로 역량을 키우는
부모의 힘

3장

아이들의 출발선은 엄밀히 보면 모두 다릅니다. 하지만 늦게 출발했어도 앞서 출발한 아이들을 빠르게 역전하는 아이도 있죠. 그러니 다른 집보다 자녀교육에 들이는 돈과 시간이 부족하다 해서 기죽을 필요가 없습니다. 인생은 남들과의 비교와 경쟁이 아니라 나와의 싸움이니까요. 따라서 무엇이든 잘해내고 그 안에서 행복하게 살아갈 사람으로 자녀를 키워 내는 게 중요합니다.

인공지능이 일자리의 반 이상을 대체하게 될 미래 사회에서 생존력을 키우는 교육은 결코 학교나 학원을 보낸다고 해서 모두 해결되지 않습니다. 가정에서 해야 할 부분도 많죠. 즉 가정, 학교, 지역사회가 조화롭게 협력해야 인재가 나오는 시대입니다. 앞으로 더욱 중요해질 자기주도력, 창의성, 통찰력, 공감 능력, 메타인지 등은 전인적인 영역입니다. 따라서 자녀교육, 특히 인성교육과 진로교육에서 중요한 것은 부모가 흔들리지 않고 단단히 중심을 잡는 것입니다. 그렇다면 자녀교육에 있어 부모가 가져야 할 '힘'은 무엇인지 살펴보도록 하겠습니다.

1

자신을 돌아보는 힘

휘둘리지 않는 교육철학이 필요할 때

예전 세대 부모님들은 그저 잘 먹이기만 하면 자녀들이 알아서 잘 자랐다고 말합니다. 힘들게 고생하는 부모를 보면서 아이가 일찍 철들고 자기 앞가림을 하는 게 그 당시 양육 문화였습니다. 그러다 개천에서 용이 나듯 자식 하나가 성공해 집안을 먹여 살리거나 널리 이름을 날리면 부모 목에 힘이 들어가곤 했죠.

하지만 지금은 개천에서 용이 나오기 힘든 시대입니다. 부모의 재력과 정보력, 안정감 제공과 견문을 넓히는 기회 등 부모의 '뒷바라지'에 따라 아이의 성적과 진학, 사회 진출, 직업이 크게 달라질 수 있죠. 한 연구 결과에 따르면 이러한 격차는 자녀가 3세일 때부터 시작해 초등학교 입학 전이면 이미 상당히 벌어져 있다고 합니다. 이는 전 세계에서 일어나는 현상으로, 미국에서도 유명인의 자녀가 부모의 후광 덕분에 기회를 쉽게 얻는 것을 두고 '네포

베이비(nepo baby, 미국판 '금수저')'라는 신조어를 통해 비판하고 있습니다. 부모들의 반응은 각양각색입니다. 부모의 경제력과 자녀의 성취력에 상관관계가 있다는 것에 놀라며 체념하거나, 반대로 부정하기도 하죠. 또한 여러 불평등과 모순에 분노해 핏대 올려 비난하는 경우가 있는가 하면, 자녀가 뒤처질까 노심초사하는 부모도 있습니다.

제가 겪은 이야기를 하나 하자면, 몇 년 전 중학교 3학년 학생을 코칭하며 우주에 관심이 있는 것 같다고 부모에게 피드백했더니 며칠 후 이런 연락이 왔습니다. "선생님 이번 여름 방학 때 나사 캠프에 보내 보려고 해요. 겸사겸사 뉴욕 여행도 같이 가고요." 저는 보통 진로 흥미 확장을 위해 국내 과학관에서 진행하는 프로그램, 관련 도서와 영상을 추천하곤 해서 그 말을 듣고 깜짝 놀랐습니다.

보통의 엄마라면 우주 관련 책을 사주거나 유튜브를 보라고 할 텐데, 당장 뉴욕행 비행기 티켓과 3주짜리 나사 캠프를 예약하는 엄마가 얼마나 될까요? 당연히 부모인 만큼 자녀의 관심사를 확장시켜 진로의 물꼬를 트여 주고 싶었을 것입니다. 하지만 이러한 소식을 들으면 많은 부모가 허탈감을 느끼고, 자식에게 더 좋은 걸 해주지 못한다는 사실에 죄책감을 느낄 수 있습니다.

10년 넘게 학생들의 코칭을 담당하면서, 저는 가정 형편에 따라 학생마다 누릴 수 있는 건 다를 테지만 그보다 중요한 건 부모의

'마음'임을 크게 실감했습니다. 그리고 이런 교육철학을 세웠죠. "부모의 돈이 많은 것을 제공할 수 있을지는 몰라도, 그것이 성공의 모든 것을 결정하지는 않는다."

좋은 학벌은 행복한 인생의 필요조건이 아닙니다. 입시는 '선'이 아니라 우리 사회에 어쩔 수 없이 존재하는 '필요악'입니다. 아이의 성적이 높지 않아도, 좋은 학교에 들어가지 못하더라도 아이의 강점과 가능성은 결코 하락하지 않습니다. 오히려 성적과 학벌에만 눈이 팔린 채 인생 목표를 확실히 세우지 못한다면 본질에서 벗어난 교육이라고 할 수 있습니다. 나름 입시 전문가로서 이런 말을 꺼낸다는 게 참 모순적인 것 같지만, 자녀교육은 대학 입학 이후까지 멀리 보는 것이 정말 중요합니다. 어쩌면 대한민국 부모에게 가장 필요한 것은 배짱일지도 모르겠네요.

많은 사람이 입시에 성공하려면 돈이 많이 필요하다고 생각합니다. 요즘같이 교육 정책이 자주 바뀔 때는 돈이 있어야 좋은 정보를 얻고, 이를 통해 괜찮은 입시 전략을 세울 수 있다고 말이죠. 그런데 실상은 좋은 정보가 없어서가 아니라 무엇이 좋은 정보인지 분별하는 안목이 없어서 입시에 실패하고 돈과 시간을 낭비하는 것입니다. 저는 학부모 연수나 강의에서 이 부분을 꼭 언급합니다. 정보보다는 자신과 자녀를 먼저 파악하고 소신껏 교육철학을 세우는 게 중요하다고 말입니다. 그래야만 비로소 자녀는 안정적으로 성장할 수 있습니다.

◆ '나'를 보면 아이가 보인다

학생들의 학습과 진로 입시 상담을 하고 자녀교육서 집필과 강의도 하니 많은 사람이 제 아이들이 뛰어날 거라고 생각합니다. 하지만 저의 육아 현실은 보통의 엄마와 크게 다르지 않습니다. 일을 위해 양육과 자녀교육 관련 도서를 닥치는 대로 읽고 조금이라도 생활에 적용해 보려 하지만, 실제로는 친정과 시댁의 도움 없이 육아를 혼자 도맡다 보니 체력이 방전되고 자주 까칠해져서 애들에게 화를 내고 욱할 뿐입니다. 오히려 사교육 쪽에서 일을 하며 얻는 수많은 정보가 해가 되기도 합니다. 넉넉한 집안의 아이들이 어떤 지원을 받는지 알고 있기에, 그에 못 따라가는 걸 실감할 때마다 혼자 스트레스를 받기도 하죠.

어느 날 제 내면을 깊이 살펴보니, 자녀교육과 양육이라는 이름 앞에 눈에 보이지 않고 구체적인 실체도 없지만 제가 스스로 만들어 낸 불안과 두려움이 있었습니다. 특히 코로나19 팬데믹 때 가정 양육을 하며 아이들과 몇 날 며칠 붙어 지내다 보니, '아무리 교육 일을 해왔다고 해도, 실제 나는 정말 형편없구나' 하고 제 밑바

닥을 맞닥뜨렸죠.

실제로 컨설팅을 받으러 오는 학부모들의 말을 들어보면 특히 자녀가 청소년기에 접어들 때 또 다른 불안감이 엄습하는 것 같았습니다. "혹시 더 잘될 수 있는데 내가 이것밖에 못 해줘서 잘 안 되는 걸까?", "혹시 내가 우리 아이 앞길을 가로막고 있는 것은 아닐까?", "이렇게 하다가 아이가 취직이나 할 수 있을까? 나보다 더 못살게 되면 어쩌지?" 이처럼 아이를 키우다 보면 부모들은 여러 고민과 걱정으로 혼란스러워하기도 합니다. 그렇다면 얼마큼 공부해야 완벽한 부모가 될 수 있을까요? 아마도 영원히 완벽할 수 없을 겁니다.

비교적 아이를 잘 키웠다고 존경받는 부모 중에도 완벽한 사람은 거의 없었습니다. 모두 부족하고 아쉬운 부분이 있었죠. 이러한 부모들은 처한 환경이 달랐지만 한 가지 공통점이 있었습니다. 바로 '자기 자신과 자녀에 대해 잘 알고 있었다'는 것입니다.

엄마 역할에 대한 정의는 부모마다 다를 것입니다. 어떤 엄마에게는 '최고로 잘 먹이고, 하고 싶은 것을 부족함 없이 하게 하는 것'이 우선순위일 수 있고, 또 다른 엄마에게는 '적당히 부족하고 불편하게 키워서 스스로 도전하게 하자'가 최우선일 수 있습니다. 따라서 어떤 엄마가 될지, 또 아이를 위해 얼마나 감당할 수 있는지 자신의 능력을 스스로 판단할 수 있어야 합니다. 이때 기준을 아이가 아니라 '엄마'에게 두는 것이 중요합니다. 즉 가정에서 중요한 가치에 따른 우선순위를 정하고 할 수 있는 것과 그럴 수 없는 것을 구분할 때 엄마 자신의 마음 상태를 객관적으로 보려고 노력해야 합니다. 밥 잘 먹이고 평상시에 보살피는 것까지가 한계인데, 여기에 자기주도학습과 입시까지 전문가가 되어야 한다는 말을 듣고 화가 밀려온다면 그건 체력과 정신력이 한계에 다다랐다는 것입니다. 도저히 할 수 없는데도 억지로 해서 집안 분위기가 냉랭해진다면 안 한 것만 못하죠. 오히려 희생한 만큼 결과를 보고 싶은 마음에 보상심리가 작동해서 자녀를 압박하게 됩니다.

요즘 유튜브와 SNS에는 음식도 잘 해먹이고 다양한 야외체험과 여행까지 보내며, 재테크와 살림까지 거뜬히 해내는 '능력자' 엄마가 참 많습니다. 그런 열정과 에너지가 부럽지만, 저는 제 한계를 알기에 무작정 따라 하려고 하지 않습니다. 아이들과 무언가를 시작할 때 저는 저의 돈과 시간과 체력을 기준으로 세웁니다. 아무리 좋은 것이라도 '이렇게까지 해야 하나' 하는 마음과 짜증이 밀려오면 괜한 헛수고일 뿐이니까요. 엄마 노릇에 입시전략까지 잘 세운다면 금상첨화겠지만 자신이 할 수 있는 범위에서 어디까지 가능한지 그릇을 정하는 게 더 중요합니다. 그래야 깨지지 않고 구멍도 나지 않으니, 무언가를 더 채울 수 있겠죠.

필요 없는 것들은 과감하게 내려놓자

수많은 자녀교육 전문가가 공통적으로 하는 말이 있습니다. "아이가 행복하길 원하면 부모부터 행복해지세요." 하지만 현실적으로는 그리 쉽지 않습니다. 살림과 아이를 돌보느라 많은 부모가 자기 자신은 뒷전으로 미루니까요. 또 자녀를 정말 잘 키우고 싶은 욕망이 부모를 들끓게 합니다. 부모라면 당연히 아이에게 '더 나은 삶'을 선물하고 싶어 합니다. 하지만 더 나은 삶을 선물하는 '방법'에 관해서는 욕심에 비해 많이 고민하지 않아 미숙할 때가 많죠.

영국의 유명한 소아정신과 의사인 도널드 위니컷Donald Winnicott은 오랫동안 엄마와 아이들을 연구하다가 놀라운 사실을 발견했습니다. 아이를 망치는 엄마는 다름 아닌 '완벽한 엄마(perfect mother)'라는 것을요. 다시 말해 완벽한 엄마가 되려고 할수록 아이에게 오히려 해로운 결과를 초래한다는 연구 결과였습니다. 이 주장은 발표 당시 엄청난 충격을 불러왔습니다.

위니컷은 완벽한 엄마 대신 '충분히 좋은 엄마(good enough mother)'가 되라고 말합니다. 사랑해 주지만 거리감을 적절히 두고 때로는 내려놓을 수 있는 엄마 말입니다. 즉 뜨겁게 사랑을 줘야 할 때와 차갑게 사랑을 주는 타이밍을 아는 엄마입니다. 이를 위해 부족하면 부족한 대로 그냥 나를 인정하고 받아들이는 것부터 시작하면 어떨까요? 완벽하려고 애쓰지 않아도 자녀들한테는 이미 좋은 엄마일 테니까요.

그러려면 비교하기를 지금 당장 멈추고 필요 없는 것은 과감하게 내려놓을 수 있어야 합니다. 우리는 때로 주변 부모나 가정을 우리 집과 비교하며 불안을 자초합니다. SNS뿐만 아니라 엄마들 모임의 대화 내용은 언제나 육아와 자녀교육에 집중되죠. 아무리 비교하지 않으려고 해도 참 쉽지 않습니다. 타인의 눈과 세상의 정보에 현혹되어 이리저리 흔들리지 않는 것만으로도 요즘은 굉장한 능력이라고 할 수 있습니다. 이는 자존감과 자기관리능력 등 좋은 인성과 내면을 형성하는 요소가 됩니다.

또 하나 알아 두어야 할 것이 엄마의 몸과 마음 상태가 자녀에게 직결된다는 사실입니다. 거창한 운동까지는 아니더라도 산책하며 속도 내어 걷기라도 하고 나면 컨디션이 매우 좋아지고, 건강한 상태로 아이들을 대할 수 있습니다. 이처럼 충분히 좋은 엄마가 되는 길은 너무나 단순합니다. 할 수 없는 것은 버리고 내가 할 수 있는 것을 조금씩 넓혀 나가야 합니다. 완벽한 엄마가 되려고 애쓰는 것이 아니라, 어제보다 조금이라도 나은 엄마가 되기 위해 노력하는 것이야말로 아이와 함께 성장하는 좋은 방법입니다.

2

관찰하는 힘

잘 관찰하는 게 중요하다

저는 컨설팅 전에 학생을 파악하기 위해 학생에게 '문진표'를 요청합니다. 문진표만 봐도 어떤 아이인지, 또 부모는 어떤지 짐작이 가죠. 이후에 상담을 하면서 느끼는 점 중에 하나는 많은 엄마가 '내 아이는 내가 잘 알아'라고 장담하지만 결코 그렇지 않다는 것입니다. 오히려 무엇을 더 해주려고만 하지, 그보다 먼저 아이를 제대로 파악하려는 노력조차 기울이지 않거나 방향을 애초에 잘못 정한 경우가 많았습니다. 아이의 기질, 성향, 흥미, 재능 등을 정확하게 파악해야 그에 맞는 교육 방법과 전략을 세울 수 있습니다.

육아와 교육에 관심이 많은 부모라면 여러 경로를 통해 수많은 전문가의 이야기를 들어왔을 겁니다. 그런데 자녀교육이 필요한 이유는 많이 듣지만, 자녀에게 딱 맞는 구체적인 방법은 잘 듣지 못한다고 하더군요. 왜 그럴까요? 바로 일대일이 아니기 때문입니다. 즉 다수를 대상으로 하기 때문에 보편적인 이야기만 들을 수밖에 없습니다. 각 가정의 부모와 아이에게 딱 맞는 해결책은 직접 만나서 관찰하고 분석하기 전까지는 그 어떤 전문가도 구체적으로 제시할 수 없어요. 따라서 최대한 효과적인 자녀교육 방법을 얻고 싶다면 평소 아이를 눈여겨 관찰하는 습관이 필요합니다. 컨설팅을 하면서 결과가 좋았던 부모들은 존경스러울 만큼 아이를 세심하게 관찰하여 있는 그대로 인정할 줄 알았습니다. 그래서 아이에게 딱 맞는 옷을 입히듯이 가장 잘 맞는 전략을 세울 수 있었죠.

'잘 관찰하는 것'은 자녀의 인성교육과 진로교육에서 가장 중요한 기본입니다. 아이의 성격, 감정, 행동 등을 잘 파악하고 이해하면 아이가 성장하는 과정에서 필요한 지도와 조언을 제공할 수 있습니다. 아이의 생각을 들여다볼 수 있게 되면 '아이가 평소에 어떤 말을 듣고 싶어 하고 무엇에 관심이 있는지' 알 수 있어 아이와 더욱 원활하게 대화할 수 있고 사이도 돈독해지죠.

그러나 많은 부모가 자녀 파악에 있어 학교나 학원 선생님 말만 듣습니다. 또 자신은 일하느라 바쁘고 아이는 학교와 학원에 다니기 때문에 아이를 관찰할 시간이 없다고 말하기도 하죠. 별생각 없이 아이를 열심히 키우다 보면 어느새 시간이 훌쩍 지나서 아이는 중·고등학생이 됩니다. 이때는 돈을 들이든, 어떤 전략을 세우든 아이에 대해 아는 것이 별로 없어서 무용지물이 되고 말죠. 오히려 평소에는 잘 들여다보지도 않고 관심도 없다가 중요한 기로에 서는 중3, 고3, 취업 시기에 갑자기 조언한다면서 어설프게 나서면 갈등만 더 커질 수 있습니다. 따라서 어릴 적부터 아이의 말과 행동, 노는 모습, 친구 관계, 어른을 대하는 태도, 학교생활 등 아이의 평소 모습을 관찰하는 눈을 키워야 합니다. 특히 아이가 무엇을 잘하고, 좋아하고, 몰입하는지, 또한 무엇으로 상을 받고 칭찬을 들었는지 등 아이에 대한 일시적 관찰이 아닌 '누적된 관찰'이 필요합니다. 정말 꼼꼼한 부모들은 관찰한 것을 기록해 두기도 하는데요. 이는 부모가 아이를 아는 데 중요한 자원이 됩니다.

아이를 일상생활에서 관찰한다는 것은 어떤 것일까요? 저 같은 경우에는 아직 아이가 어려서 놀이터에서 관찰하는 편인데, 이때 다른 아이들과 어떻게 어울리는지도 유심히 관찰합니다. 예를 들어 미끄럼틀을 탈 때 순서를 잘 기다리는지, 친구에게 먼저 다가가서 말을 거는지 등 사소한 행동이라도 눈여겨봐야 합니다. 또한 놀다가 친구들과 다툼이 일어났다면 그 와중에 아이가 어떻게 대처하는지도 살펴봅니다.

특히 어린 자녀를 두었다면 비싼 돈을 들여 교육을 시키기 전에 아이가 어떤 성향과 특성을 가졌는지 꼼꼼히 관찰하는 게 더 효율적입니다. 서점에서 아이가 어떤 책을 보는지, 유튜브 콘텐츠를 볼 때 어떤 말을 흘렸는지 등 자녀의 관심사를 찾아내서 직접 경험할 수 있는 곳으로 데려갈 계획을 세워야 합니다. 어리석은 엄마는 옆집 아이와 SNS 속 아이에게 눈을 돌리고, 현명한 엄마는 내 아이의 눈길이 가는 곳부터 세심하게 관찰합니다.

관찰 후에 해야 할 일

지속적인 관찰로 내 아이의 성향과 재능을 파악했다면 이제 한 발짝 나아가야 합니다. 여기서 구체적으로 발전해 가지 않는다면 애써서 한 관찰은 아무런 쓸모가 없죠. 그만큼 관찰 후에 어떻게 해 주느냐가 무척 중요합니다.

관찰하다가 아이의 재능이나 성향에서 긍정적인 가능성을 발견했다면 기록해 두고 직업과 연결하여 정보를 찾아보세요. 예를 들어 무엇을 짓고 만드는 것에 꾸준히 관심을 보인다면 건축 관련 체험활동이나 원데이 클래스 등을 알아보고, 관련된 유튜브 영상을 찾아서 미리 보고 아이에게 추천하는 것입니다. 이때 미래 직업에 대해 상상해 보고 이를 이루려면 어떤 역량과 태도를 갖춰야 할지 아이와 이야기를 나누는 것이 중요합니다. 건축가가 되려면 수학과 과학을 잘해야 할 뿐만 아니라, 사람이 사는 공간을 짓는 직업인 만큼 사람들에게 관심을 가지는 게 좋다는 식으로 심층적이고 융합적인 탐색을 할 수 있도록 지지해야 하죠.

또한 아이의 스타일에 맞는 공부 방법과 습관을 잘 형성하도록 도와야 합니다. 특히 어릴수록 책상에 앉아서 집중하는 시간을 점점 늘려 나가야 합니다. 부모들이 가장 많이 하는 말이 하나 있습니다. "우리 애가 안 해서 그렇지, 하면 잘할 수 있다." 슬프게도 이 말은 자녀가 커갈수록 부모의 공허한 믿음이 되어 갑니다. 일단 공부를 안 하던 애가 공부를 할 수 있도록 만들려면 엄청난 에너지가 필요합니다. 엄마표 교육을 하든, 학원을 가든 기본적인 자세와 태도가 갖춰지지 않으면 결코 성장할 수 없습니다. 습관이란 말 그대로 매일 반복되는 패턴을 몸에 익히는 것입니다. 관찰한 것을 바탕으로 아이를 분석해서 어떻게 하면 아이에게 좋은 습관을 들일 수 있을지 고민하고 그에 맞게 일상을 맞춰 나가야 합니다.

이러한 노력을 기울이면 아이가 훗날 진로에 대해 도움을 요청할 때 시너지 효과가 엄청납니다. 만약 평소에 관찰하지 않고 그에 맞는 가이드를 하지 않는다면, 많은 부모가 결정적인 시기에 "네가 알아서 해라", "네가 하고 싶은 대로 해라" 이렇게 말하고 넘어갈 겁니다. 이러한 말은 겉보기엔 아이를 믿고 간섭하지 않는 것 같아서 '쿨'해 보이죠. 물론 강압적으로 통제하는 것보다는 낫겠지만, 사실 방목을 가장한 '방치'는 아닌지 부모가 스스로에게 진실하게 물어봐야 할 것입니다.

"너는 어릴 때부터 ○○는 시키지도 않았는데 혼자 관심을 보이면서 즐겁게 하더라. 이게 이 전공이랑 맞을 것 같네."

"계속 그 분야에 관심을 보이고 꾸준히 책도 읽었으니 한번 도전해 보렴. 결과가 어떻든 최선을 다했으니 괜찮을 거야. 일단 해보고 안 되면 다른 방법을 찾아보자."

근거도 없이 "다 잘 될 거야"라는 무책임한 말보다는 그동안의 관찰을 토대로 적절한 조언을 해준다면 아이는 안정감을 느끼고 부모를 존경하게 될 것입니다. 사실 이런 부모를 둔 아이라면 비싼 컨설턴트 100명이라도 필요 없죠. 무엇보다 아이와의 관계가 돈독해지고, 부모와 자녀의 신뢰감이 더욱 굳건해질 것입니다.

아이의 마음을 읽으려 노력하자

겉으로 보이는 건 비교적 관찰하기 쉽지만, 가장 어려운 것은 아이의 마음을 읽고 헤아리는 것이겠죠. 아이의 생활은 집에서만 그치지 않습니다. 아이는 커갈수록 부모와 슬슬 거리를 두고 친구들의 영향을 크게 받습니다. 학원, 학교, 동아리 등 여러 사회적 활동을 하면서 다양한 성향을 드러냅니다. 즉 가족 외의 다양한 관계 속에서 상호작용하며 대처 능력을 배우고 사회화되는 것이지요. 또한 스마트폰을 통해 다른 세상을 접하면서 부모는 점점 아이의 내면을 헤아리기가 쉽지 않습니다. 그래서 내가 알고 있는 자녀의 모습과 밖에서 남들이 보는 자녀의 모습이 점점 달라지기도 합니다.

사춘기에 들어선 아이는 부모에게 마음의 문을 서서히 닫기도 합니다. 하지만 한편으로는 '이 세상에 부모 말고 나를 진심으로 생각해 주는 사람이 또 있을까?'라고 생각하기도 하죠. 아이들은 본능적으로 사랑과 관심을 받고 싶어 합니다. 또 자신의 부족한 모습에 자책하면서 실망감도 많이 느낍니다. 몸은 커가지만 여전히 혼자 남겨지는 것을 두려워하고, 즐겁고 재미있게 살고 싶어 하지만 불확실한 미래에 불안감을 느끼기도 하죠. 겉으로 센 척하지만 쉽게 상처받고 사소한 것에도 위태롭게 흔들리는 게 요즘 아이들입니다. 따라서 어릴 때는 먹이고 씻기는 등 잘 돌보면 그만이었지만, 아이가 커갈수록 마음을 헤아리고 소통할 수 있어야 합니다. 무척 어려울 테지만요.

무엇보다 아이가 뭔가를 간절히 원하고 시도할 때는 숨겨진 '동기'를 알아봐야 합니다. 그저 있어 보이고 싶은 허영심 때문인지, 아니면 막연한 동경심 때문인지 관찰해야 하는 것이죠. 특히 수치심, 불안감, 열등감 같은 부정적인 감정이 아이를 움직이게 하는 원동력인지도 주의 깊게 살펴야 합니다. 간절히 원하는 대상을 얻기 위해 노력하는 것은 인간의 본성이고 지지받아 마땅합니다. 하지만 상처받은 마음, 열등감, 분노 등 부정적인 동기로 무언가를 치열하게 추구하다 보면 그 과정에서 문제가 생길 수도 있습니다. 결과가 중요한 나머지, 비윤리적인 방법이나 편법을 쓰다가 더 큰 부작용을 불러올 수 있는 것이죠. 따라서 부모의 따뜻하고도 객관적인 사랑의 눈이 필요합니다. 겉으로 보이는 태도만 교정하려 하지 말고, 그전에 그러한 태도가 나타나게 된 근본적인 원인이 무엇인지 관심을 기울여야 합니다. 아이의 마음속에 있는 부정적인 시선을 바꿔야만 태도도 바뀝니다.

하지만 내 아이를 온전히 객관적으로 본다는 게 쉽지 않습니다. 사람은 늘 보고 싶은 것만 보게 되고, 무엇보다 자녀를 너무 사랑하기에 있는 그대로 직시하고 받아들이기 어렵죠. 또한 기질적으로 자신의 욕구를 내보이지 않으려는 아이가 정말 많습니다. 이런 아이들은 무엇을 좋아하고 싫어하는지 잘 표현하지 않아서 관찰하기가 너무 어렵죠. 조용하고 차분한 성격은 그렇다 치더라도, 내성적인 성격에 숨겨진 아이의 욕구를 관찰하지 못하면 아이와 더욱 소통하기 어려워지고 거리감도 더욱 커질 것입니다. 이럴 때는 선생님에게 협조를 부탁하면서 아이 친구들과 적당히 친해져서 아이의 주변 환경을 더 파악하는 '수사관' 같은 방식을 취해야 하죠. 때로는 객관적인 검사가 필요할 수도 있습니다. 또한 '내 자식은 내가 제일 잘 안다'는 식의 믿음으로 신뢰할 만한 타인의 평가와 조언을 무시하지 말고, 그들의 시선에 비친 자녀의 모습을 확인하는 것이 좋습니다.

환경을 관찰하고 분별하는 지혜

어느 날 동네 놀이터에서 애들과 놀아 주고 있는데, 어떤 엄마가 다른 아이들과 놀고 있는 딸에게 얼른 가자고 손짓하더군요. 그러면서 그 엄마는 이렇게 말했습니다. "여기 애들은 왜 이렇게 욕을 많이 하니? 다시는 여기서 놀지 마."

저도 아이를 둔 엄마이기에 그 엄마의 마음을 십분 공감합니다. 다 큰 성인도 환경에 많은 영향을 받지만, 특히 자라나는 아이들은 어떤 자극을 받거나 새로운 것에 호기심이 생기면 그대로 흡수하는 경향이 있습니다. '맹모삼천지교'라는 고사성어에서도 알 수 있듯, 어쩌면 자녀를 유익한 환경에서 키우려는 건 부모의 본능일지도 모릅니다.

하지만 이러한 외부 환경 변화보다는 현재 가정환경부터 먼저 살펴보는 게 중요합니다. 가족이 화목하고 서로서로 친밀감 있고 제대로 소통하는지, 가족이 일주일에 한 번이라도 다 함께 밥을 먹으면서 교감하는지, 또 부모로서 모범적인 모습을 보이지 않으면서 자녀에게는 정작 공부를 강요하지 않는지 등 가정환경이 아이들에게 건강하고 유익한지 파악해야 합니다. 아이의 인생을 좌우하는 큰 변수는 학군지 같은 외부 환경이 아니라 부모와 가정환경이기 때문입니다. 그러나 많은 부모가 이를 깨닫지 못하고 그저 좋은 학교와 학군지에 가면 자녀가 성공하리라고 착각하곤 하죠.

또한 아이가 디지털 기기를 사용할 때 어떤 콘텐츠에 영향을 받는지도 세세하게 관찰해야 합니다. EBS의 한 프로그램에서 유아를 대상으로 도덕성 모방 실험을 진행한 적이 있습니다. 어떤 영상을 틀어 주고 '보는 것'이 아이들에게 얼마나 큰 영향을 끼치는지 증명하는 실험이었죠. 실험 결과, 아이들은 예상대로 '본 대로 행동했다'고 합니다. 즉 폭력적인 내용의 영상을 본 아이들은 폭력성을 표출했고, 다정한 내용의 영상을 본 아이들은 따뜻함을 표현했죠. 따라서 내 아이가 무언가 옳지 못한 행동을 보인다면 주변 환경과 더불어 매일 접하는 미디어 콘텐츠도 점검해야 합니다.

하지만 아이들이 커갈수록 스마트폰에서 어떤 콘텐츠를 접하는지 일일이 점검하고 통제할 수 없습니다. 그래서 학교에서는 '미디어 리터러시(media literacy)' 교육을 강화하고 있습니다. 미디어 리터러시란 미디어 환경에서 활발히 소통하고 생활할 수 있는 능력들의 결합을 말합니다. 다양한 정보와 의견이 충돌하고 가짜 뉴스나 혐오 발언 등 윤리적인 문제가 발생하는 미디어 환경에서 미디어 리터러시를 갖춘 사람은 자신의 권리와 책임을 인식하고, 타인의 권리를 존중하며, 사회적 정의와 공동체를 위해 행동할 수 있습니다. 미디어 리터러시 교육에서는 미디어를 비판적으로 평가하고, 자기 생각과 감정을 효과적으로 표현하며, 타인의 의견을 존중하고 갈등을 조정하는 등의 역량을 가르칩니다. 따라서 미디어 리터러시와 인성교육은 서로 밀접한 관련이 있습니다. 즉 미디어 리터러시 교육은 인성교육의 일부로 볼 수 있으며, 인성교육은 미디어 리터러시 교육의 목표라고 할 수 있습니다.

3

일관된 반응과
잘 통제하는 힘

지금 나의 양육 방식은 어떠한가?

부모는 아이가 태어나는 날부터 매 순간 무엇을 어떻게 해주는 것이 최선인지 고민합니다. 부모가 자신의 성향에 따라 자녀를 양육하는 과정에서 보여 주는 태도와 행동을 '양육 방식'이라고 합니다. 양육 방식은 자녀의 인성, 성격, 사회성 등에 영향을 미치기 때문에 아주 중요합니다. 방식은 다양한 편이지만 교육 전문가들은 일반적으로 네 가지 유형으로 정리합니다. 이 양육 유형은 1960년대에 심리학자 다이애나 바움린드Diana Baumrind의 연구로 시작되었으며, 1980년대 맥코비Maccoby와 마틴Martin에 의해 더 깊이 연구되었습니다. 부모의 양육 태도를 설명한 유형으로서 자주 소개되고 있죠.

첫 번째는 자유방임형 부모(방임적 부모)입니다. 부모가 자녀에게 관심과 사랑을 거의 보여 주지 않고 규칙과 기준이 없으며, 자녀의 행동에 대해 무관심하거나 방치하는 양육 방식을 말합니다. 이런 부모 밑에서 크는 아이들은 부모의 관리나 통제 없이 혼자 알아서 행동하고 자신이 무엇을 원하는지 잘 모르는 경우가 많습니다. 이런 양육 방식은 아직 자아가 형성되지 않은 아이가 스스로를 돌보고 관리해야 한다는 생존의 어려움과 정신적·정서적 한계가 있습니다. 또한 자녀의 자립성과 독립성을 발달시키지만 정서·학업·사회성 측면에서 문제를 유발할 수 있죠. 즉 자녀가 학교생활에 뒤처지거나 행복감이 낮을 수 있고, 장래에 대해 준비해 본 적이 없기에 혼돈에 빠져서 무기력해질 위험이 있습니다. 이 세상에 일부러 이렇게 아이를 키우려는 부모는 거의 없을 것입니다. 실제로 이 유형은 부모가 육체적·정신적으로 건강이 악화되었거나 경제적인 사정으로 인해 어쩔 수 없는 경우가 대부분입니다.

두 번째는 인지적 방임형 부모(허용적 부모)입니다. 부모가 자녀에게 애정을 많이 표현하고 관심도 많이 두는 편이지만, 자녀를 거의 통제하지 않고 자율적으로 놔두는 유형이죠. 즉 훈육을 최소한만 하고 대부분 그냥 넘어가는 편입니다. 예를 들어 아이가 잘못했을 때 관대하게 넘어가거나 계속 고집을 피울 때는 그저 받아 주기만 할 뿐 잘 통제하지 못합니다. 즉 이 유형의 부모는 규칙과 기준이 모호하거나 부족하기에 자녀의 행동에 대해 적절한 피드백을 해주지 못합니다. 또한 자녀에게 학업을 강요하지 않으면서 자녀의 결정을 그대로 따라 주고 간섭하지 않는 경우가 많습니다. 때로는 부모가 힘들더라도 강하게 독려해야 자녀가 의미 있는 성취감을 얻을 수 있을 텐데, 그렇지 않기에 자녀의 가능성과 잠재력이 사장되기도 하죠.

정리하자면 이 양육 유형은 의견 표현을 장려하지만 자기조절력, 책임감, 인내심은 약화할 수 있습니다. 그래서 아이가 사회성이나 인간관계에 어려움을 겪거나 자신의 잠재력을 발휘하지 못할 수 있죠. 반대로 사회성이나 독립심이 강한 아이로 자라더라도 나중에 사회 시스템을 존중하지 않는 경향을 보이거나 학업 성적 부진, 건강 문제 등 '자기 관리 부족'에 문제가 있는 어른이 될 가능성이 높다고 하네요. 아이들 입장에서는 가장 선호하는 부모 유형이지만, 아이 마음대로 하게 두는 것이 훗날 아이에게 좋을지 생각해 보면 그리 좋은 부모 유형은 아니라고 할 수 있습니다.

세 번째는 강제 억압형 부모(권위적 부모)로, 우리나라를 비롯한 아시아권 부모들에게서 많이 보이는 유형입니다. 이 유형의 부모는 기준, 규율, 규칙을 정해 두고 그에 따라 자녀의 일상생활을 통제하고 결과를 확인합니다. 강제 억압형 부모의 대표적인 예로 '타이거 맘(Tiger Mom)'이 있습니다. 2010년대 초반 미국에서 유행한 이 용어는 예일대학교 로스쿨 교수인 에이미 추아Amy Chua가 처음 사용한 것으로, 매우 자기중심적인 부모를 일컫습니다(이와 대치되는 용어로 '스칸디 맘(Scandi Mom)'이 있습니다). 타이거 맘은 자녀의 의견이나 감정은 중요치 않고 아이의 장래를 위해 무엇이 좋을지 미리 판단해 '독재자'처럼 거의 모든 것을 정하고 관리합니다. '나중에 부모에게 무척 고마워할 거야'라는 생각으로 오로지 자신이 원하는 방향으로 불도저처럼 밀고 나가는 부모죠. 자녀에 대한 기대 수준이 매우 높거나, 부모가 원하는 대로 자녀의 능력과 스펙을 쌓으려는 경우가 이에 해당됩니다.

이런 유형의 부모 아래서 자란 아이는 성적이 비교적 높고 일탈과 비행 행동의 가능성도 낮습니다. 하지만 아이 스스로 판단해서 무언가를 해보려는 자기결정력과 자기주도력에 문제가 생길 수 있기에 자존감이 부족해져서 우울증에 걸릴 가능성이 높다고 합니다. 아이를 밀착해서 관리하는 유형이지만, 오히려 방임형 부모와 비슷하게 '자아상실감'이라는 결과가 나올 수 있는 것이죠. 또한 융통성을 발휘해 본 적이 적기에 자녀의 창의성을 떨어뜨릴 수 있습니다. 무엇보다 부모에 대한 친밀감이 거의 없거나 원만한 관계 형성에도 매우 부정적인 결과를 초래할 위험이 높죠. 미디어나 주변에서 이런 양육의 역효과를 직간접적으로 목격했기에 요즘 1980년대생 이후 부모들은 기피하는 유형입니다.

마지막은 긍정적 훈육형 부모(권위-민주 복합형 부모)입니다. 자녀를 적극적으로 밀착해서 관리하되 강제 억압형 부모처럼 부모가 일방적으로 모든 것을 결정하지 않습니다. 즉 자녀의 자발적인 참여를 통해 자녀와 함께 합리적인 의사결정을 이끌어 내는 부모 유형이죠. 스케줄과 규칙을 정할 때도 아이가 스스로 판단하고 충분히 이해했을 때만 진행합니다. 그래서 아이들은 작은 일이라도 부모와 상의하고 부모의 조언을 적극적으로 받아들임으로써 책임감을 느끼게 됩니다. 이러한 부모 유형은 벌보다는 상을 주는 긍정적 피드백 시스템을 가정 내에 만들려고 노력하고 아이의 흥미를 존중하고 칭찬에 인색하지 않으면서 하고 싶은 것을 허용해 주는 편입니다.

이러한 부모 아래서 자란 아이들은 성취감과 성적이 높은 편이고 비행 행동의 가능성 또한 낮으며 자존감과 사회성 모두 높은 편입니다. 매번 부모와 자녀가 상의해야 하고, 그마저 갈등이 있을 때는 원활하지 못하다는 단점이 있지만 가장 긍정적인 부모 유형으로 평가받습니다. 무엇보다 부모와 자녀가 친밀감 높은 관계를 유지하고 행복감도 높으며, 아이 입장에서도 중요한 결정을 내릴 때 주체적으로 판단하는 능력을 키울 수 있어 좋습니다.

내 아이와의 궁합이 중요하다

네 가지 양육 유형을 자세히 살펴보면서, 아마 많은 부모가 자신의 양육 방식을 돌아보게 되었을 것입니다. 사실 아이와 부모의 성격과 기질이 제각각이다 보니 이 네 가지 중 하나에 딱 들어맞지 않을 수도 있어요. 즉 자녀의 연령, 가정 형편, 부모의 가치관, 그리고 삶의 다양한 단계와 영역에 따라 부모가 반응하고 대처하는 방식이 다를 수 있습니다. 예를 들어 친구와 노는 건 자율적으로 놔두지만, 습관 형성과 공부에 대해서는 조금 깐깐한 부모도 있겠죠.

중요한 것은 일관성과 지속적인 노력입니다. 일상에 지쳐 아무 계획 없이 주먹구구식으로 자녀를 키우거나 도덕적·사회적 원칙을 포기한 채 그냥 좋은 게 좋다는 식으로 아이를 대한다면 결코 좋을 수 없습니다. 반대로 아무리 부모일지라도 아이의 의사와 인격을 무시한 채 무조건 자기 뜻을 강요하면 안 됩니다. 양육 전략은 자유방임과 통제라는 두 극단의 교차점에서 각 가정에 맞게 만들어지고 실행되어야 합니다. 가정 내에서 가족 구성원 모두 평등하게 소통할 수 있는 시스템은 찾으려고 노력한다면 분명 나타날 것입니다. 이를 찾는 과정에서 가족 관계와 소통 전략의 구체적인 모습이 더 드러날 테죠.

네 가지 부모 유형 중에 권위를 적절하게 사용하는 긍정적 훈육형 부모가 최상이고 그다음이 깐깐해도 권위적인 부모입니다. 비록 유연성과 개방성이 부족하긴 해도 나름의 일관성과 가이드가 있기 때문에 뭔가 남는 게 있죠. 세 번째가 방임형 부모로 자녀가 자기 멋대로 살게 내버려 두다 보면 방임이 심해져 방종이 되고, 타인과 주변에 피해를 주는 성인으로 자랄 수도 있기에 전문가들은 오히려 권위적인 부모보다 더 위태롭게 여깁니다. 최악의 경우는 방치를 넘어서 신체적·정서적 학대를 하는 부모입니다.

대부분의 평범한 부모들은 크게 스칸디 맘과 타이거 맘으로 구분할 수 있습니다. 스칸디 맘은 자녀와의 정서적 교감을 중요시하고 자녀가 스스로 알아서 하도록 독립적 사고력을 키우는 방식으로 훈육합니다. 즉 아이를 부모가 원하는 모습으로 만들기보다는 시간이 걸리더라도 아이가 잘할 수 있는 것을 찾도록 기다리는 편이죠. 반대로 앞서 소개했듯이 타이거 맘은 엄격합니다. 타이거 맘의 대표격으로는 이 용어를 만들어 낸 에이미 추아 교수가 있습니다. 추아 교수는 실제로 두 딸에게 엄격한 규칙을 적용했습니다. 학교에서 A보다 낮은 성적을 받아서는 안 되며, 피아노와 바이올린 연습은 하루 3~4시간씩 매일 하게 했죠. 등수가 떨어지면 밤새 스톱워치로 문제 2,000개씩 풀게 했다는 일화는 유명합니다. 이러한 방식에 논란과 비난이 없지 않았으나, 그녀의 두 딸이 훌륭한 결과를 보여 주자 당시 느슨한 미국 교육에 대한 비판도 일어났습니다.

당시 버락 오바마 대통령의 '한국의 교육열이 부럽다'는 발언이 화제에 오르자 그녀의 양육 방식을 따르는 추종자들도 생겨났죠.

우리나라도 자녀교육에 관심 있는 엄마 중에 억압과 통제의 정도가 다를 뿐 이런 생각을 가진 경우가 많습니다. 실제로 저를 찾아온 학부모 중에도 타이거 맘 같은 교육 방식을 원하는 경우가 많았죠. 하지만 타이거 맘은 보통 정성으로 할 수 있는 일이 아닙니다. 매일 씻고 먹이는 것도 버거운데 발달 적기에 맞게 양질의 교육을 제공하고, 일상을 안정감 있게 관리해야 하죠. 아이를 키워본 사람들은 알겠지만, 이렇게 하다 보면 대부분의 부모는 도중에 지쳐 포기하고 맙니다. 그래서 타이거 맘의 양육 방식을 그대로 따라 하려 해선 곤란합니다.

무엇보다 현실적으로는 어느 양육 방식이 딱 잘라서 옳다고 말할 수 없습니다. 어느 수준으로 부모가 개입할지는 자녀와 부모의 성격과 기질에 따라 정하는 것이 자연스럽습니다. '아이를 믿고 기다려 줘야 한다'보다는 '부모가 아이를 관리하고 코칭하는 게 효율적이다'라는 속마음을 가진 엄마라면 스칸디 맘을 어설프게 따라 하며 '그래, 그저 지켜보고 기다려 주자'고 흉내 냈다간 화병만 나고 말 겁니다. 즉 언젠가는 폭발해서 냉탕과 온탕을 오가듯이 일관성이 없어지고 부작용만 더 생길 테죠. 반대로 '자녀가 자유롭게 알아서 해봤으면 좋겠다' 하는 유형의 엄마가 느닷없이 인재를 만들어 보겠다면서 타이거 맘처럼 자녀교육을 철저히 계획하고 실행했다간 얼마 못 가 지치고 맙니다. 만약 고집 세고 자유분방한 아이에게 갑자기 타이어 맘처럼 깐깐하게 굴면 아이는 튕겨져 나갈 것입니다. 반대로 규칙적인 일상에 안정감을 느끼고 곁에서 필요한 도움을 주길 바라는 아이에게 스칸디 맘처럼 너무 다가가면 역시 무언가 채워지지 않겠죠. 그래서 양육 방식은 궁합 같은 것일지도 모르겠습니다.

긍정적 훈육과 일관성이 중요하다

앞서 각각의 부모 유형과 양육 방식을 살펴보았습니다. 중요한 것은 이와 함께 '나는 어떤 교육을 받아 오며 자랐을까? 나의 현재 양육 방식은 어디서 비롯되었을까?' 하고 생각하는 시간을 갖는 것입니다. 지금 내 모습은 과거 내 부모님의 양육 방식으로부터 영향을 받은 결과이기 때문이지요.

제 이야기를 간단히 하자면, 저는 어릴 때부터 스스로 판단하고 해결해야 했기에 누군가의 조언을 듣고 행동해 볼 기회가 적었습니다. 좋게 포장해서 말하면 방목이지만 방치된 부분이 더 많았지요. 교육에 대해 아무것도 모르던 부모님은 자식들에게 알아서 공

부하라고만 할 뿐, 독서는커녕 TV도 끄지 않았습니다. 만약 누군
가로부터 대학 진학이나 세상살이에 대한 조언을 얻었다면 제 인
생이 지금과는 달라졌을지도 모릅니다.

그래서 제가 지금 이 일을 직업으로 삼아 청소년과 학부모들에
게 조금이라도 도움을 주고 있는지도 모르겠습니다. 자유방임적
인 분위기에서 자랐기에 타이거 맘에 대해 '너무 과한 방법이다',
'아이들을 적극적으로 관리하고 싶다' 이렇게 양가감정이 드는 것
일 수도 있고요. 막상 타이거 맘을 동경하다가도 제 부모님이 했던
방식대로 '좋은 게 좋은 거야'라는 식의 태도를 아이들에게 보일
때 저는 깜짝깜짝 놀라곤 합니다. 이것이 부모도 아이를 키우며 끊
임없이 자기성찰을 해야 하는 이유일 것입니다.

그런데 전문가들은 양육 방식도 중요하지만 '긍정적인 훈육'과
'일관성'이 더 중요하다고 말합니다. 평소에는 전혀 간섭하지 않다
가 시험 성적이 좋지 않으면 학원과 과외를 알아보는 부모들이 없
지 않죠. 이런 상반된 부모의 태도는 아이에게 큰 스트레스와 분노
의 재료가 됩니다. 아이가 떼를 쓴다고 정해진 규칙을 바꾸면 아이
는 오히려 모호한 상태에 불안감을 느낍니다. 당연히 부모도 사람
이다 보니 양육에 있어 때에 따라 다른 모습을 보일 수 있습니다.
하지만 그에 앞서 나 자신을 돌아보며 마음을 다잡고 일관성 있게
양육하려고 노력해야 합니다. 여기서 말하는 일관성은 북극성 같

은 '기준과 지향점'을 의미합니다. 즉 상황에 일일이 반응하며 대처하려 하지 말고, 어릴 때부터 기준과 원칙을 두어 자녀가 긍정적으로 성장할 수 있게 긍정 훈육으로 방향을 세우는 것이 좋습니다. 이러한 부모의 일관된 패턴이 일관성 있는 양육 방식을 만듭니다.

뜨거운 사랑과 차가운 사랑의 조화

요즘 1980~1990년대생 부모들에게 어떤 부모가 되고 싶으냐고 물으면 거의 대부분 '친구 같은 부모'를 이야기합니다. 친구 같은 부모의 정의가 모두 다르겠지만, 대개 자녀와 친밀하고 소통이 활발하며 따뜻한 관계를 지향하는 부모를 의미합니다. 하지만 친구 같은 부모가 되기 위해 과도한 사랑과 허용을 보여 주거나 부모로서의 권위나 책임을 잃어버리면 인성교육에 나쁜 영향을 미칠 수 있습니다. 즉 부모가 아이에게 무조건 맞춰 주는 것은 좋지 않습니다. 의외로 부모 중에는 아이가 자신을 미워하거나 더욱 떼쓸까 봐 두려워 예의에 어긋난 행동을 했을 때도 혼내지 않고 아이의 비위를 맞춰 주려는 경우가 꽤 있습니다. 자녀가 옳지 않은 행동을 해도 "안 돼"라는 말조차 꺼내지 못하는 것이죠. '안 된다'라는 말이 거절을 의미하지도 않는데, 혹시나 자녀가 기죽고 자존심에 상처를 받을까 걱정합니다.

자신이 잘못했음에도 부모가 혼내지 않고 그냥 넘어가면서 오히려 자기 기분을 맞추려 한다는 걸 알면 아이는 '부모는 내 기분을 맞춰 주는 존재'라고 인식하게 됩니다. 결국 이를 악용하거나 더 심해지면 부모를 만만하게 보고 부려 먹는 존재로 여기며 자랍니다. 무엇보다 '모든 건 다 네 위주로 맞춰 줄 테니 공부만 잘해라'라는 식으로 부모가 아이를 상전 모시듯 하면 정말 '왕'으로 군림합니다. 컨설팅을 하다 보면 아이가 대학에 갈 때까지 모든 걸 다 해주려는 부모를 정말 많이 봅니다(시험 기간에는 유독 심하죠). 어릴 때부터 하고 싶은 대로 다 하라는 분위기에서 성장한 아이는 오로지 자기 자신밖에 모릅니다. 결국 자기중심적인 사람이 되어 사회생활이나 대인관계에 잘 적응하지 못하죠. 밖에서는 집 안과 달리 자신을 왕으로 여겨 주지 않으니까요.

실제로 만났던 학생들 중에 똑똑하지만 욱하고 화를 잘 내는 아이가 많았습니다. 온순한 성격이지만 자기관리가 부족하고 성실하지 못해서 매일 끌려다니듯 시간을 낭비하며 보내는 아이도 많았죠. 그때그때 자연스럽게 가르침을 잘 받았다면 감정을 더욱 잘 조절하고 사회성 있게 지낼 텐데 적절한 기준과 규칙을 배우지 못해 모난 아이들을 보면 안타깝습니다. 그래서 가정에서 적절하게 긍정적으로 훈육하는 것이 당시에는 따끔하더라도 아이에게 더 유익하게 작용합니다. 어릴 적에 받은 훈육대로 성장하면 스스로 행복감을 채워 나가며 살아갈 수 있지만, 이 고비를 넘기지 못하면 어른이 되고도 사춘기보다 더 힘든 시기를 겪을 수 있습니다. 어릴 때야 '나이가 아직 어려서 그럴 수 있지' 하고 이해받을 수 있지만, 성인이 되고는 그럴 수 없을 테니까요.

따라서 친구 같은 부모이고 싶다면 사랑을 주더라도 원칙을 세워야 합니다. 부모의 원칙은 균형과도 같습니다. 뜨거운 사랑으로 아이와 친밀한 관계를 유지하면서도 차가운 사랑으로 잘못된 행동을 교정하는 '균형' 말입니다. 뜨거워야 할 때 뜨겁고, 차가워야 할 때 차가운 게 참 어렵습니다. 그래서 전문가들은 훈육할 때 강압하려 하지 말고 단호하게 행동하라고 말합니다. 강압은 감정이 들어가기 때문에 비난이 될 수 있지만, 단호함은 기계적일지라도 감정은 건드리지 않고 할 말만 하는 것입니다. 아이들도 부모가 제 성질과 화를 못 이겨 강압적으로 훈육하는지, 단호하게 훈육하는지 잘 압니다. 저도 아이를 혼낼 때마다 마음이 약해지고, 일방적으로 화를 내고 돌아서서 엄청 자책하기도 합니다. 하지만 훈육하고 행동을 교정해야 할 때 아이와 멀어질 거 같아 그냥 넘어간다면 오히려 올바른 가르침을 주지 못해 훗날 아이와 더욱 멀어질 수 있습니다.

4

거리두기의 힘

◆ 아이를 '왕'으로 만드는 부모의 심리

어느 대학 교수님이 요즘 학부모에 대해 토로한 적이 있습니다. 학과 사무실과 조교에게 자주 연락이 온다면서요. 시험 성적을 바꿔 달라, 우리 아이가 수강 신청 기간을 착각해서 놓쳤으니 과목 수강 신청을 받아 달라, 심지어 아이 스케줄이 있으니 학과 행사 일정을 변경해 달라는 이야기까지, 갖가지 요청을 하며 괴롭힌다고 하죠. 이처럼 자기 앞가림을 못하고 부모에게 뒤처리를 부탁하는 성인들이 점점 늘고 있습니다. 그런데 하루아침에 이런 대학생이 뚝딱 하고 튀어나오지는 않았을 것입니다.

중학생 아들을 둔 어느 엄마가 진로와 학습 상담을 신청하고서 고민을 털어놓은 적이 있습니다. 워킹맘이다 보니 아이가 어릴 때부터 출근하기 전에 '오늘 해야 할 일 리스트'를 적어 줬는데, 아이가 착한 편이라 엄마가 적어 준 대로 성실하게 잘 했다고 합니다.

문제는 줄곧 그렇게 해오다 보니 이제는 아이가 스스로 뭘 하려는 생각조차 못하는 지경이 된 것이죠. 특히 코로나19 팬데믹 이후 집에 있는 시간이 많아지면서 문제가 더욱 심각해지기 시작했습니다. 엄마는 아이가 알아서 시간표를 짜고 그대로 실천했으면 하는데, 정작 아이는 무엇을 해야 할지 몰라서 온종일 스마트폰만 들여다본다고 하소연했습니다.

의외로 '착한 아이' 중에 자기 생각이 아닌 부모와 교사의 뜻을 항상 우선시하는 경우가 많습니다. 칭찬과 인정도 중독될 수 있는데, 여기에 길들여진 아이들은 타인의 기대에 부응하기 위해 부모나 교사의 요구에 따릅니다. 실제로 어릴 때부터 장난감과 책을 고를 때나 식당에서 메뉴를 고를 때도 쉽사리 선택하지 못하고 말끝마다 엄마한테 물어보는 아이가 많다고 하죠. 남의 뜻을 물어보는 게 익숙해져서 생활 패턴이 되어 버린 탓입니다. 때로는 자신의 선택에 따른 결과를 책임지는 것이 부담되어서 스스로 결정하는 것을 회피하는 아이도 있습니다.

공부를 잘해도 불안해하는 경우도 있는데, 대부분 모든 일을 엄마가 알아서 해줄 때죠. 즉 아이 스스로 알아서 하는 일이 거의 없습니다. 초등학생 때부터 엄마가 과제를 해주고 중학교 때도 시험 기간에 엄마가 밤새 곁에서 기출문제를 억지로 풀게 해서 상위권을 유지합니다. 이런 아이들은 고등학교에 가면 실력의 한계가 드러납니다. 유일하게 잘하는 게 있다면 짜증 내는 것이죠. 모든 게 못마땅하거나 생각한 대로 안 되면 분노가 더욱 극대화됩니다. 엄마의 수발 덕분에 상위권이 된 아이나 짜증을 달고 사는 아이들은 언젠가는 곪아 터집니다. 최악은 고3 때인데, 슬럼프에 빠져 성적이 곤두박질치고 높은 목표를 세웠지만 현실은 그렇지 못하니 괴로워합니다. 그리고 원하는 대학에 못 가면 엄마 탓을 하죠.

이런 문제가 왜 발생할까요? 바로 과잉보호와 과잉간섭 때문입니다. 이런 부모들은 기다리지 못합니다. 즉 앞으로 일어날 만한 문제들을 너무 염려한 나머지, 그런 일이 아예 일어나지 않게 부모가 앞질러 해결하는 게 올바르다고 생각하고 그 길을 아이에게 제시하죠. 막상 부모의 우려가 현실화되는 경우는 적은데도 말입니다. 결국 과도한 간섭과 보호는 아이를 위한 것이 아니라 실제로는 부모의 불안감을 해소하기 위한 행동이라 할 수 있습니다. 이러한 부모의 과잉보호와 과잉간섭으로 자란 아이는 스스로를 왕으로 착각해 남들이 자신을 위해 무엇이든 해주는 게 당연하고 자신이 그럴 만한 '자격'이 충분하다고 생각합니다. 자기가 먼저인 자기중심적인 사람을 누가 좋아할까요? 부모 역시 자식임에도 나이가 들수록 점점 버거워할 겁니다. 무엇보다 더 큰 문제는 힘들더라도 스스로 성취감을 느껴 봐야 하는데 그런 경험이 거의 없기에, 자신감이 있는 척 연기를 해도 '속 빈 강정'에 불과하다는 것입니다. 그러니 또 주변을 피곤하게 만드는 악순환이 반복됩니다. 이처럼 때로 자식을 사랑해서 잘 해주려는 마음이 무서운 부메랑이 되어 나에게 돌아올 수 있습니다.

◆ 안정과 방향이 있는 방임

부모와 자녀의 애착은 자녀의 인성 발달에 영향을 미칩니다. 애착은 태어난 순간부터 부모와 맺는 친밀한 정서적 관계를 말합니다. 감히 돈으로 환산할 수 없지만 살아가는 데 중요한 자산 역할을 하며, 한 사람의 사고방식, 감정처리 방식, 인간관계를 이루는 행동 방식에 결정적인 역할을 하죠. 인성이 인간의 성격과 행동을 결정하는 요소라고 할 때, 애착은 인성의 중요한 변수로 작용합니다. 즉 부모와의 애착 관계는 결국 내가 타인에게 기대하는 방식이 됩니다. 애착이 안정적으로 잘 형성되면 '나는 가치 있고 사랑받을 만하다'라는 자존감과 함께 '남들도 나를 좋아하고 지지할 것이다'라는 기대감을 가지고 타인과 건강한 관계를 자연스럽게 맺습니다. 또한 어떤 것을 시작할 때 크게 두려워하거나 불안해하지 않으며, 자신이 기대한 대로 되지 않는다고 해서 분노하지 않죠. 그래서 몇몇 전문가는 애착을 육아와 교육의 만병통치약으로 처방하기도 합니다. 우리도 평소에 애착이라는 용어를 잘 사용하지 않더라도 "사랑 듬뿍 받고 자란 사람은 달라" 같은 말을 자주 꺼내니까요. 또한 이런 사람들과 친해지고 싶어 합니다.

안정적인 애착 관계를 위해서는 부모가 자녀의 욕구에 섬세하고 충분히 반응하되, 적절한 거리를 유지해 자율성을 부여해야 합니다. 그런데 부모와 자녀가 애착을 잘 형성하는 것보다 건강하고 지혜롭게 애착을 분리하는 것이 더 중요합니다. 육아의 궁극적인 목적은 자녀의 '자립'이니까요. 따라서 자녀가 커갈수록 부모의 통제는 반비례해서 서서히 줄어드는 게 좋습니다. 즉 어릴 때는 끈끈한 애착과 함께 아이를 통제하다가 해가 지날수록 애착을 점점 분리하는 것입니다.

그런데 우리나라는 이와 반대로 아이를 키우는 부모가 참 많습니다. 어릴 때는 귀엽고 예쁘다며 오냐오냐 다 받아 주다가 아이가 청소년이 되면 그제야 잔소리하며 여러 규칙을 세워 통제하려고 하죠. 흔히 하는 말로 이미 '머리'가 커질 대로 커졌는데 말입니다.

"아이가 갓난아기일 때는 피부와 피부를 떼지 않고, 유아기 때는 손을 놓지 않고, 소년기 때는 손은 놓아도 눈은 떼지 않고, 청년기 때는 마음을 놓지 않는다."

저도 아이를 낳고 키우기 전에는 어떤 교육 전문가에게서 들은 이 말이 가슴에 크게 와 닿지 않았습니다. 그런데 아이를 낳고 키우고, 또 여러 문제에 처한 학생들을 만나다 보니 깊이 실감하게 되더군요. 자식과 물리적 거리는 서서히 멀어지더라도 부모는 늘 자식을 걱정하고 그리워합니다. 힘들어도 어떻게 해서든 도움을 주려고 하죠. 하지만 이러한 애착과 동시에 분리가 자연스럽게 이루어지고 거리를 둬야만 부모와 자녀 모두 행복합니다.

심리학자 알프레드 아들러Alfred Adler는 "누구의 과제인지 분별하라"고 조언합니다. 아들러 심리학의 대가로 『미움받을 용기』를 쓴 기시미 이치로Kishimi Ichiro 또한 자녀에게 "내가 도와줄 게 있을까?" 하고 먼저 물은 다음, 자녀가 없다고 하면 간섭을 멈추라고 설명하죠. 부모는 자녀에게 정서적 안정감이라는 울타리에서 삶의 방향을 제시하더라도 간섭하지 않아야 합니다. 즉 아이의 행동을 지켜보되 섣불리 끼어들어서는 안 되죠. 저는 좋은 의도였다고 해도 아이의 마음보다 부모가 앞서 나가서 아이가 경쟁에 뛰어들 힘마저 잃는 것을 많이 봐왔습니다. 부모가 자신의 삶을 열심히 살아가고 올바른 가치관을 실천하는 모습을 보여 주면 그게 '안정적인 방향이 있는 방임'이 됩니다.

'안정적인 방향이 있는 방임'을 하는 부모의 특징

- 자녀의 성장 발달에 맞춰 자녀의 판단에 맡긴다.
- 필요한 정보는 수집해 주되, 가장 합당한 것을 자녀 스스로 선택하고 책임지도록 한다.
- 부모의 일과 취미와 행복감을 업그레이드하는 데 몰두한다.

아이들의 생활 태도나 성적을 두고 갈등이 생길 때마다 훈육하려 들면 날마다 아이와 전쟁을 벌여야 할지도 모릅니다. 그러므로 적당한 거리를 두고 현재 가정환경과 자녀 주변의 환경을 객관적으로 바라봐야 합니다. 말처럼 쉽지는 않겠지만 객관적으로 아이를 바라보는 연습을 통해 아이의 특성을 알아 가고 동시에 아이의 가능성을 열 수 있을 것입니다. 거기서부터 인성과 진로를 위한 부모의 마음가짐이 시작됩니다.

생산적인 '주고받기'를 위한 사랑

거의 모든 부모는 마치 아낌없이 주는 나무처럼 자식을 사랑합니다. 하지만 정도가 지나쳐서 노후를 저당 잡히면서까지 자식 교육에 올인하는 '에듀푸어(education poor)' 가정이 참 많죠. 실제 교육 현장에서 이러한 가정을 많이 만나는데, 그때마다 부모의 무분별한 사랑이 참 안타까운 사랑임을 실감합니다.

에듀푸어 가정은 어찌 보면 어떤 희망에 홀려 올바른 방향과 구체적인 계획 없이 사교육이라는 욕망의 전차에 합류한 가정이라고 할 수 있습니다. 돈이 넘치는 부유한 가정이면 상관없습니다. 그러나 가정 형편이 넉넉하지 않은데도 사교육과 학군에 무리하게 집착하고, 자녀 성적의 원인을 자꾸 외부에서 찾는 경우가 문제입니다. 강남 아이들이 명문대에 진학한다고 해서 '돈을 쓰면 성적을 올릴 수 있고, 좋은 성적은 입시 성공을 가져오며, 결과적으로 부와 행복을 얻을 수 있다'는 착각에서 벗어나야 합니다. 아무리 돈을 써도 성적이 오르지 못하는 사례를 많이 봐왔기 때문입니다.

에듀푸어 부모는 자녀에게 가능한 것은 다 해주려고 합니다. '모자란 거 없이 다 해줬으니 성적도 좋아지겠지?' 이런 기대와 함께 강한 통제를 하죠. 부모 기준에서 안 하면 좋겠다는 것은 계속 통제하는 겁니다. 그리고 이런 생각은 먼 훗날 이렇게 바뀌기도 합니다. '내가 이렇게까지 해줬는데 왜 아이는 이 정도밖에 못 할까?'

많은 엄마가 자신의 인생 계획은 대답하지 못하지만, 자녀가 어떤 삶을 살고 어떤 인간이 되면 좋겠냐고 물으면 A4 한 장이 넘을 만큼 잔뜩 써낼 수 있을 겁니다. 차라리 부모와 아이의 관계는 생산적인 주고받기가 나을지도 모릅니다. 엄마는 엄마의 삶이 있고 아이는 아이의 삶이 있으니까요. 그리고 무언가를 얻기 위해서는 노력과 대가가 필요하다는 것도 알아야 하죠.

앞서 언급했지만 결핍을 모르고 자란 아이들은 감사하는 마음과 뭔가를 하려는 의욕이 서서히 사라집니다. 따라서 자녀에게 다 해주려고 하지 말고 정말 필요한 것만 제때 해주는 안목과 지혜가 필요합니다. 아이가 사는 세상은 모든 게 적재적소에 충족되는 풍요로운 온실이 아닙니다. 스스로 무언가를 얻고 이루어 가는 독립적인 태도를 위해서라도 부모는 의식적으로 아이와 생산적인 주고받기를 실천해야 합니다.

5

의욕과 성장을
불러일으키는 힘

학원 중독에 빠진 아이들

"우리 아이는 되고 싶은 게 없어요."

"우리 아이는 하고 싶은 게 없어요."

"우리 아이는 잘하는 게 없어요."

"우리 아이는 온종일 자기 방에서 스마트폰하고만 살아요. 밥도 스마트폰하고만 먹고요."

최근 몇 년 동안 학부모님들에게 가장 많이 듣는 말입니다. 요즘엔 모든 것에 심드렁하고 무기력한 아이가 참 많아서, 부모들은 뭐라도 하고 싶은 게 있으면 효자라고 말하기까지 합니다. 이런 아이들의 생활에는 한 가지 공통점이 발견됩니다. 바로 '학원 중독'이 심하다는 것이죠. 많은 학부모가 학원 수강이 그리 효과가 크지 않고 돈 낭비임을 알면서도 불안해서 학원을 끊지 못합니다. 저는 청소년 대상으로 강연을 하거나 일대일 학습컨설팅을 할 때 학생들에게 이렇게 말하곤 합니다.

"여러분 부모님이 지금까지 낸 학원비를 생각해 보자. 수학 한 과목만 예로 들어 보면, 초등 4학년 때부터 수학이 어려워져서 수학 학원을 많이 다니기 시작하거든. 한 달 수학 학원비를 최소 25만 원으로 잡아도 1년에 총 300만 원이고, 4학년부터 고3까지 8년을 다닌다고 가정하면 2,400만 원이지. 수학 한 과목만 학원비가 2,400만 원이 드는 거야. 그런데 너희가 수학 학원만 다니니? 최소 영어도 다니고 요즘은 국어도 많이 다니잖아. 이걸 다 합쳐서 한 달에 학원비만 60만 원이 든다고 하면 고3까지 최소 5,760만 원이 들어. 그런데 만약에 너희가 학원에 다니지 않고 스스로 공부한다면 이 돈을 그대로 스무 살에 주겠대. 그걸로 아무거나 하고 싶은 걸 해도 되고. 그럼 어떡하겠니? 학원에 갈래, 아니면 혼공(혼자 공부)할래?"

이렇게 말하면 다들 큰돈에 눈빛이 반짝입니다. 한편으로는 "이렇게 학원비가 많이 든다고? 그런데 내 성적은 왜 이렇지?" 같은 말을 하죠.

이후 저는 "학원비를 나중에 받는 대신 학원 다니지 않고 혼공하겠다 하면 손 한 번 들어봐"라고 묻는데요. 우리 생각에는 액수에 솔깃해서 아이들이 많이 손을 들 것 같지만, 실제로는 손을 드는 학생이 거의 없습니다. 그 대신 이런 대답을 하죠. "그러다 진짜 지잡대(지방의 잡다한 대학. 속어)도 못 들어가면 어떡해요?", "에이, 학원이라도 가야 조금이라도 공부하는 거지, 혼자서는 아예 못 할걸요?"

이처럼 큰돈을 듣고 귀가 솔깃했음에도 학원에 가겠다는 애들이 대부분인 것은 학원 없이 스스로 공부해 본 경험이 거의 없기 때문입니다. 똑같은 질문에 높은 학년일수록 학생들이 손을 더 못 듭니다. 해가 갈수록 자기가 해내지 못하는 모습을 질리도록 봐왔기 때문일 테죠. 즉 학습된 무기력을 경험한 탓입니다. 요즘 학생들은 학원 스케줄이 없으면 단 1분도 혼자 공부하지 못하고, 고비가 닥칠 때 스스로 방법을 찾아 해결하려는 '돌파력'이 부족한 경우가 많습니다. 그렇게 어릴 때부터 모든 공부 문제를 학원에서 해결하다 보니, 학원이 아닌 곳에서는 공부를 아예 시작조차 못하는 악순환이 반복되죠.

그렇다면 대한민국에는 왜 이렇게 학원 중독에 빠진 아이가 많을까요? 가장 큰 요인을 꼽자면, 앞서 언급한 부모의 불안감과 지금 당장 결과를 얻고 싶은 조급함입니다. 아이들은 스스로 전략을 세우고 목표에 이르는 과정에서 숱한 시행착오를 겪습니다. 이 시행착오가 실력이 되어 차곡차곡 쌓여야 돌파력이 되는데, 시행착오를 가치 있게 여기지 않는 몇몇 부모가 문제가 생기기 전에 미리 나서는 것입니다. 자녀가 고생을 덜했으면 하는 마음은 깊이 공감하지만 변화가 필요합니다.

부모들은 아이를 믿는다고 말하긴 하지만, 정작 아이의 서투른 행동을 지켜보지 못하고 대신 해주거나 도와주려고 하죠. 아이에 대한 믿음을 바탕으로 부모는 자녀의 의욕을 지키고 도전의 기회를 마련해 줘야 합니다. 그런 차원에서 학교 공부는 삶의 문제를 해결하는 돌파력을 키우는 좋은 연습 수단이 됩니다. 또한 공부 말고도 자녀가 위험해지거나 다른 사람에게 피해를 주지 않는 범위에서 시간을 두고 지켜볼 수 있어야 합니다. 모든 게 '빨리빨리'인 시대에 시간과 여유를 선물하는 것만으로도 충분히 대단합니다. 자녀교육에 있어 가장 중요하지만 실천하기 어려운 게 곁에서 기다려 주는 것이죠. 부족하더라도 해낼 수 있을 거라는 응원, 늘 곁에서 끝까지 기다려 준다는 신뢰감, 크게 혼내더라도 수습을 도와주는 모습 등을 통해 부모는 항상 너의 편이라는 걸 자녀에게 질릴 정도로 표현하는 게 중요합니다. 물론 부모의 마음은 '얼마나 기다려 줘야 하지?' 하고 시커멓게 타들어 갈 테지만요.

가장 쉬우면서 어려운 '믿음과 기다림'

자녀가 갓난아기일 때는 부모들은 아기가 누워만 있다가 몸을 뒤집은 것만으로도 기뻐하고, 옹알이만 해도 언어 천재가 된 것처럼 호들갑을 떱니다. 이제 막 기어다니기 시작한 아기에게 곧바로 뛰기를 바라는 부모는 없습니다. 발달 단계와 수준에 맞게 작은 것이라도 해내면 크게 칭찬하고 앞으로의 가능성을 믿으며 당연하게 기다리죠.

하지만 이렇게 신뢰하고 잘 기다리던 부모들도 아이가 자라서 학습을 시작하면 완전히 달라집니다. 성적은 물론이고 독서, 식사, 인사 외에 사소한 것도 다른 집 아이들과 비교하죠. 또 좋은 정보가 있는지 여기저기 기웃거립니다. 아기 때 잘 기어가고, 일어서고, 걸었던 것처럼 그냥 믿으면 되는데, 아이가 스스로 공부하고 하고 싶은 것을 찾아서 자기 앞가림을 할 거라는 확신은 어느 순간 사라진 지 오래입니다. 왜 부모들은 자녀에 대한 믿음이 서서히 사라지고 노심초사하며 흔들릴까요? 불안과 욕심이 믿음의 자리를 서서히 잠식하기 때문입니다.

좋은 일자리부터 정년 근무까지 모두 불확실한 요즘 시대에 부모들은 그래도 믿을 건 공부밖에 없다고 더욱 확신합니다. 그래서 1980년대생 이후 부모 세대에는 자녀를 어릴 때부터 딴생각 없이 공부할 수 있도록 관리하는 게 부모의 최고 역할이라고 믿는 사람이 많습니다. 그 대신 자신의 부모 세대처럼 강요하지 않고 공부를 놀이처럼 느낄 수 있게 관리하죠. 그럼에도 '먹고살 수는 있을까?' 하는 걱정으로 아이에게 불안을 전염시키곤 합니다. 욕심과 두려움으로 롤러코스터를 타는 부모가 할 수 있는 일은 자신이 아는 방법으로 자녀를 다그치고 통제하는 것입니다. 하지만 아이에게는 그저 잔소리일 뿐이죠. 부모가 알려 준 방법이 크게 와 닿지 않지만, 지금 당장 뭐라도 하려고 하면 다행입니다. 많은 아이는 앞서 말한 대로 '어차피 안 될걸 뭐 하러 하나' 하고 귀찮아하며 아무것도 하지 않으니까요.

많은 자녀 양육서를 보면 믿고 기다리라고 합니다. 구체적으로 살펴보자면 '욕심을 절제하고 아이가 새로운 것을 시작하게끔 기회를 마련하라'고 하죠. 아이들이 헤매고 있는 작은 문제들은 웬만하면 알아서 놔둬도 됩니다. 착하고 여린 아이들은 부모가 잔소리를 하면 무조건 "네"라고 대답합니다. 몰라도 알았다고 대답하는데, 나중에 왜 그랬냐고 물어보면 울먹거리면서 이렇게 말합니다. "엄마가 그렇게 열심히 설명해 주는데 모른다고 하기가 미안했어요. 엄마 힘들까 봐 아는 척 했어요." 이처럼 부모 잔소리를 한 귀로 듣고 한 귀로 흘리면서 일단 그 상황을 모면하려는 아이들이 대부분이지만, 눈치를 살피며 부모의 기분을 배려하는 아이들도 있습니다. 이런 아이들이 나중에 상처를 더 크게 받지요.

익숙한 일만 하며 살 수 있다면 별문제가 없겠지만 아이는 자라면서 수많은 '처음'과 마주하게 됩니다. 이때 부모는 아이의 작은 성과를 칭찬하고 옆에서 격려하는 것만으로 충분합니다. 만약 좌절했을 때는 다시 하면 해낼 수 있을 거라고 가능성을 심어 주면 됩니다. 무엇보다 아이의 목표에 대해 "나는 네가 할 수 있을 거라고 믿어"라고 끊임없이 응원해 줘야 합니다. 아이가 스스로 목표를 포기하는 순간까지도 말이죠. 그러면 아이는 조금 늦더라도, 최고의 결과가 아니어도, 결국 다 잘될 거라고 생각하게 됩니다. 거창한 행동이 아닌 부모의 작은 행동이 아이의 의욕을 좌우한다는 것을 명심하기 바랍니다.

▼ 질문은 부메랑이 되어 돌아온다

솔직히 고백하자면, 오랫동안 강의와 코칭 컨설팅을 해왔음에도 여전히 '질문'이 가장 어렵습니다. 때로는 스트레스까지 받죠. 제일의 성공을 가늠하는 첫 단추는 바로 '마음을 열게 하는 것'입니다. 마음이 열려야 진로든 입시든 학습이든 그다음 진도가 나가죠. 그래서 다정하면서도 무례하지 않게 공감대를 형성할 수 있는 질문을 던지는 게 관건입니다.

요즘은 많은 부모가 질문의 중요성에 대해 익히 알고 있습니다. 하지만 여전히 아이에게 이렇게 묻죠. "시험 잘 봤니? 숙제는 다 했어? 책가방과 준비물은 챙겼어?" 이 같은 폐쇄형 질문을 던지면 학교에서 돌아온 아이들은 엄마가 자신보다 공부를 더 중요시한 다고 느낍니다. 그러니 돌아오는 대답은 "네"라는 말밖에 없죠.

온전히 아이의 생각과 말에 귀 기울여주고 맞장구쳐 주는 대화 는 아이가 커갈수록 어렵다고 합니다. 하지만 아이의 요즘 관심사 에 대해 귀를 활짝 열고 들어주다 보면 아이의 생각과 성격적 특 성, 재능, 장래희망까지 엿볼 수 있습니다. 내 아이에 대한 이해야 말로 자녀가 주체적으로 살아가도록 만드는 비밀 열쇠가 됩니다. 덤으로 부모와 자녀의 관계도 좋아지죠.

그렇다면 어떻게 하면 질문을 잘할 수 있을까요? 여기서 방대 한 방법을 모두 소개하긴 어렵고, 가장 중요하고도 근본적인 '질문 자의 태도'에 대해 설명하겠습니다. 질문이 효력을 발휘하는가는 질문자의 태도에서 결정되기 때문입니다. 좋은 질문은 인격적이 고 따뜻합니다. 따뜻하고 사랑 가득한 눈빛으로부터 시작되죠. 그 리고 좋은 질문은 강요하지 않습니다. 주입은 질문이 아닙니다.

마릴리 애덤스Marilee G. Adams는 『삶을 변화시키는 질문의 기술』 이라는 책에서 누구나 심판자나 학습자로서 자신 또는 타인에게 질문을 던지며, 우리에게는 그 질문들 중 하나를 선택할 힘이 있다고 말합니다. 부모들은 종종 자녀와 대화할 때 의도치 않게 심판자가 되곤 합니다. 부모가 이미 모든 것을 알고 있다는 식으로 심판자의 질문을 할 때 아이들은 이미 그 말대로 생각이 고립됩니다. 그럴 때 학습자의 질문을 배워서 아이에게 질문해 보면 어떨까요?

심판자의 질문 vs. 학습자의 질문

심판자의 질문	학습자의 질문
뭐가 잘못됐지?	제대로 하려면 어떤 방법이 있을까?
왜 그랬지?	왜 그랬는지 이유를 말해 줄 수 있겠니?
대체 언제 잘 거니?	언제쯤 자야 내일 아침에 활기차게 일어날 수 있을까?
왜 엄마 말을 듣지 않니?	엄마 말에 대해 어떻게 생각하니?
왜 아빠한테 그러는 거니?	아빠 입장에서 한번 생각해 보면 어떨까?
언제 공부할래?	지금 하고 있는 일이 언제쯤 끝날지 알려 주겠니?
그렇게 해서 되겠니?	그것보다 더 나은 방법을 함께 찾아볼까?

물론 이러한 질문법을 익히고 실행하는 건 매우 어려울 것입니다. 그렇지만 행복해지기 위해서는 노력해야 합니다. 학습자와 심판자는 사고방식에서 큰 차이를 만듭니다. 부모에게서 학습자의 질문을 듣고 자란 아이들은 다른 사람을 이해하면서도 자기주도적인 사람이 됩니다. 부모가 먼저 심판자의 사고방식을 버리고 학

습자의 눈으로 자신과 주변 사람들을 대하면 아이도 더불어서 부정적인 마음은 날려 보내고 희망을 품을 수 있을 겁니다.

◆ 내재적 동기를 불러일으키는 마음의 도구

러시아의 심리학자 레프 비고츠키Lev Vygotsky는 마음의 도구 프로그램을 고안하며, 인간이 도구를 발명해 신체적·물리적 한계를 극복했듯 정신적 능력 또한 마음의 도구를 창조하여 확장해 왔다는 이론을 펼쳤습니다. 또한 자녀가 마음의 도구를 갖도록 도와주는 것이 부모와 교사의 역할임을 강조했죠. 그러면서 그는 부모의 역할을 '촉매'로 표현했습니다. 아이가 자기 나름대로 문제를 풀어 보려고 애쓸 때 도약할 수 있게 디딤돌이 되어 주는 것이 부모의 역할이라는 것이지요. 아이와 같이 요리할 때도 다 해주려고 하지 말고 어설프더라도 아이가 하도록 하고, 부모는 마지막에 참기름 한 방울을 더하는 존재가 되어야 합니다.

K팝 아이돌을 정말 좋아하는 초등학교 고학년 여학생이 있었습니다. 여학생의 부모는 그 아이돌의 콘서트도 같이 보고, 집안일을 하여 용돈을 모으면 굿즈를 살 수 있게 해주었습니다. 그러면서 딸에게 기획사 주식을 사주며 경제와 금융 공부도 시켰죠. 아이는

자연스럽게 경제에 흥미를 붙이고 엔터테인먼트 산업과 대중문화 전반에 대해 관심을 넓히기 시작했습니다. 이처럼 비고츠키의 거창한 이론을 잘 몰라도 자녀의 눈높이에 맞게 잘 적용하는 현명한 부모들이 이미 우리 주변에 있습니다.

비고츠키에 따르면 마음의 도구는 타고나는 것이 아니기에 양육과 교육 과정에서 충분히 키울 수 있다고 합니다. 모든 아이는 잠재력을 갖고 있지만 마음의 도구를 스스로 키워서 극대화하지 못합니다. 외적인 자극과 동기가 있어야 집중할 수 있죠. 문제는 보상과 인정 같은 외재적 동기만으로는 한계가 있기 때문에 곧 내재적 동기로 발전시켜야 한다는 것입니다.

어떻게 하면 내재적 동기를 불러일으킬 수 있을까요? 바로 '자율성'입니다. 사람은 누구나 남이 시키는 일은 하기 싫은 법입니다. 하고 싶은 마음이 들다가도 남이 하라고 하면 갑자기 슬금슬금 하기 싫고 미루고 싶은 마음이 밀려들죠. 그래서 부모는 아이가 커 갈수록 대놓고 멍석을 깔아 주지 말고, 스스로 하고 싶은 일을 할 수 있게 자율성을 확보해 줘야 합니다. 이후에 아이의 관심사로 접점을 형성하여 공통의 관심사로 자녀와 친밀감을 쌓으면서 자연스럽게 분야를 확장시키는 것이죠. 통제와 억압이 아닌 고단수 전략인 '모른 척 하기'를 하면서 자녀와 함께 즐기는 순간 어느새 자녀의 지식과 관점이 확장되어 있을 겁니다.

그러려면 부모 먼저 내면에 '성장 마인드셋'을 갖추고 있어야 합니다. 미국의 캐럴 드웩Carol S. Dweck 교수의 마인드셋 이론에 따르면, 사람이 자기 능력을 발휘하는 데는 자신이 지닌 능력만큼 그 능력에 대한 본인의 생각이 더 중요하다고 합니다. 다시 말해 때로는 자신의 능력에 대한 믿음이 타고난 능력보다 중요하죠. '고정 마인드셋'을 가진 사람들은 자신의 능력이 타고났다고 생각합니다. 즉 어떤 사람은 처음부터 더 많은 능력과 더 좋은 성격 그리고 더 나은 도덕성을 가지고 있다고 믿고, 변하지 않을 거라 단정 짓죠. 고정 마인드셋의 사람들은 남들에게 더 똑똑하게 보이고 더 좋은 성격으로 보이는 것을 삶의 목표로 삼습니다. 그래서 실패에 예민해 사소한 실패라도 겪으면 패배자라고 생각하죠. 따라서 실패에 대한 두려움 때문에 절대 실패하지 않을 과제만 골라서 합니다. 만약 무척 어려운 과제를 만나면 일부러 덜 노력하죠. 노력하고도 실패하면 자신이 정말 무능하다는 것을 증명하는 꼴이라 여기기 때문입니다.

반대로 '성장 마인드셋'을 가진 사람은 능력이나 성격을 노력으로 갈고닦을 수 있을 거라 생각합니다. 처음에는 주어진 게 다를 지라도 경험과 학습 훈련을 통해 변화하고 성장할 수 있다고 믿기 때문이죠. 성장 마인드셋을 가진 사람은 고정 마인드셋을 가진 사람과 다르게 학습과 배움에 대한 열정이 있습니다. 이들은 자신이 똑똑한지 아닌지, 남들이 나를 어떻게 평가하는지는 중요하지 않습니다. 오롯이 나의 성장에 더 집중할 뿐입니다.

이런 성장 마인드셋을 가진 사람들은 힘들고 어려운 상황에서도 늘 배우고 성장합니다. 부모들은 아이들이 고정 마인드셋으로 인생을 대하지 않도록 신경 써야 합니다. 저도 살아오면서 고정된 마인드셋을 가지고 새로운 것을 배우고 경험할 기회를 스스로 제한했던 것이 참 후회스럽습니다. 그래서 엄마가 된 후로는 아이에게 뭐든 결과는 중요하지 않으니 즐겁게 하라고 말하죠. 또한 모르는 건 창피한 일이 아니니 아는 척하며 넘어가려 하지 말고 질문할 수 있도록 독려합니다.

다른 아이들과 잘 어울리고 어른들에게 질문도 잘하는 아이들은 성장을 위한 도전적이고 다양한 환경을 끊임없이 만들어 냅니다. 이 과정에서 언제 어떻게 질문해야 원하는 것을 얻을 수 있는지, 더 나아가 어떤 식으로 대화하고 상호작용을 해야 나에게 이득이 되는지를 체득할 수 있기 때문입니다. 이를 통해 아이들은 다음 단계로 수월하게 성장할 수 있으며, 이러한 긍정적인 성장의 경험은 꼬리에 꼬리를 물고 자녀의 삶에 이어집니다.

◆ 누구나 1,000억 개의 뇌세포를 가지고 태어난다

우주와 인간의 뇌세포를 비교한 사진을 본 적이 있습니다. 어떤 것이 우주이고 어떤 것이 사람의 뇌인지 구분하기 힘들 정도로 참 비슷했죠. 실제로 뇌와 우주가 같은 방식으로 성장하고 확장한다는 과학자의 주장도 있습니다. 거대한 신비의 우주만큼이나 우리의 뇌도 여전히 미스터리입니다. 뇌세포 간의 '전류'는 연결되어 있고 성장이 진행될 때마다 발생하죠. 확실한 것은 어떤 사람이든 두뇌가 약 1,000억 개의 뇌세포로 구성되어 있다는 것입니다. 그런데 아인슈타인처럼 잠재력과 천재성을 발휘하며 사는 사람이 있는가 하면, 그렇지 못하는 사람도 있죠. 의욕과 성장을 불러일으키는 부모는 마치 뇌과학자처럼 두뇌의 원리를 꿰뚫었다는 듯이 자녀에게 동기부여를 합니다. 태어나는 순간 능력이 정해진 것이 아니라 어떻게 노력하느냐에 따라 달라진다는 성장 마인드셋을 가지고 있는 것이죠. 그리고 자신의 한계를 미리 설정해서 제한하려는 아이에게 이런 동기부여의 말을 들려줍니다.

"머리는 처음부터 똑똑하거나 멍청하게 타고나는 게 아니야. 자꾸 써야 똑똑해져. 어떤 작은 길이 있다고 해볼까? 그런데 어느 순간부터 사람들이 몰려서 그 길을 많이 사용하다 보면 교통도 막히고 하니 공사해서 넓은 도로로 바꾸겠지? 그리고 사람들의 왕래가 더욱 많아지면 주변에 가게도 많아질 거야. 그리고 이런 작은 길들이 하나둘씩 연결되면서 중심지가 되고 결과적으로 화려한 도시가 되겠지. 그런데 우리 뇌에도 이런 길이 있어. 뇌 속에 수천억 개의 세포가 들어 있는데 우리가 새로운 것을 배우고 생각하면 그 세포가 서로 연결되어서 더 빨리 더 많은 일을 할 수 있게 돼. 배우려는 노력을 하지 않는다는 건 네가 뇌를 쓰지 않겠다는 말과 같아. 즉 앞으로도 계속 이러면 다른 친구들은 머릿속의 길이 8차선 대로처럼 뻥뻥 뚫리고 연결되겠지만, 네 머릿속의 길은 그냥 좁은 골목길이 되어 버리겠지. 그렇게 되면 나중에 네가 간절히 원하는 꿈을 이루거나 복잡한 문제를 풀어야 할 때 뻥 뚫린 도로가 없으니 더 팍팍해지겠지?"

다만 이를 말로만 그치지 말고, 부모도 일상에서 공부와 성장으로 보여 주어야 합니다. '넓은 도로'는 어릴 때만 공사 중인 게 아니니까요. 자신은 제대로 성장하지 않으면서 아이에게만 공부하라고 명령하는 부모는 문제를 해결할 수 없습니다. 문해력을 키워야 한다면서 아이에게 독서하라고 닦달하지만, 정작 부모는 한 글자도 읽지 않고 누워서 스마트폰만 본다면 어떨까요? 물론 모든 부모가 독서하고 공부하는 모습을 매 순간 아이에게 보여 줄 수는 없습니다. 하지만 자신도 하지 못하는 것을 아이에게만 강압적으로 요구하는 게 참 아이러니하고 민망합니다. 아이들은 어른이 살아가는 모습을 보면서 자신도 식견을 넓히고 성장하고 싶은 욕구를 느낍니다. 따라서 아이를 성장시키고 싶다면 잔소리 대신 부모가 먼저 행동하는 모습을 보여 주는 게 더 효과적입니다. 즐거운 일을 열정적으로 하면 우리 몸에서는 좋은 에너지가 배어 나옵니다. 이 에너지가 자연스럽게 아이에게 전해지도록 해야 합니다.

부모가 되면서 점점 깨달아 가는 것이 있습니다. 부모의 삶은 아이들과 긴밀하게 연결되어 있음을 말입니다. 솔직히 저 혼자 살 때는 치열하게 살아야 할 필요를 못 느꼈지만, 자녀가 생기니 올바르고 의미 있고 행복한 삶에 대해 더 큰 책임감을 느끼게 되더군요. 부모의 이러한 책임감은 삶의 여러 방면에 영향력을 만들어 냅니다. 이러한 영향력은 부모로부터 시작되어 자녀, 그리고 가까운 사람들에게로 확대됩니다. 마치 잔잔한 호수의 물결이 파동을 일으키듯 말이죠.

행복한 인생을 위한
연령별
인성·진로교육

4장

인성·진로교육은 자녀들이 행복한 인생을 살고 건강한 사회 구성원으로 성장하도록 돕는 교육입니다. 때로는 삶의 목적과 가치를 결정하는 데 큰 역할을 하죠. 따라서 어릴 때부터 시기적절한 인성·진로교육을 받는 것이 무척 중요합니다. 이 교육의 중요성을 알면서도 많은 부모는 이 것을 어떻게 가르쳐야 할지 막막해하며 방법에 대해 많이 고민합니다. 그래서 이 장에서는 초등학생부터 고등학생까지 연령별 인성·진로교육에 대한 구체적인 가이드라인을 제시합니다. 이 책에서 소개하는 교육법을 활용한다면 자녀의 성장에 긍정적인 환경을 만들 수 있습니다.

1

초등학생
인성·진로교육 가이드

10세 이전에 인생의 기본기를 만들어라

"부모에게 주어진 시간은 자녀가 13세 될 때까지!" 노벨평화상 후보자로 세 번이나 지명된 세계적인 임상심리학자이자 자녀교육 전문가인 토머스 고든Thomas Gordon이 한 말입니다. 그가 자녀교육의 바이블이라 불리는 '부모 역할 훈련(PET, 부모와 자녀 간의 갈등 해결에 필요한 기술을 가르치는 교육)'을 처음 시도했을 때가 1962년인데, 당시에는 자녀는 그저 부모의 부속물이라는 관념이 지배적이었습니다. 그래서 그가 시도한 프로그램은 가히 혁명적이라고 할 수 있었죠. 고든은 전문 상담가로 일할 때 아이들을 만나면서 아이의 문제가 부모와 교사로부터 시작되었다고 확신했다고 합니다. 그리고 13세 이전까지의 양육과 교육이 정말 중요하다는 것을 발견했죠.

실제로 13세까지 부모와 자녀가 친밀감을 제대로 형성하지 못하면 부모와 자녀 관계가 험난해질 수 있습니다. 부모와 자녀 간의 원만한 관계는 자녀가 어릴 때부터 신뢰를 쌓아 놓아야 가능하며, 자녀가 사춘기일 때 구축하려고 하면 훨씬 많은 에너지가 소모됩니다. 또한 토머스 고든은 이 시기에 사람의 행복과 성취를 좌우할 인성과 지성의 그릇이 형성된다고 보았습니다.

토머스 고든뿐만 아니라 심리와 교육 분야의 전문가들도 대부분 10~13세까지를 중요하게 봅니다. 빠르면 7세 전에 판가름 난다고 말하는 사람도 있죠. 오늘날 현실에 비추어 봐도 아이들이 조숙해졌기 때문에 초등학교 저학년인 열 살까지를 중요하게 보는 게 유용할 겁니다. 저도 어떤 거창한 교육학 이론을 떠나서 초등학생 시기가 매우 중요하다고 체감하고 있습니다. 이 시기에 우선순위로 형성되어야 할 인성(정서)과 학습의 그릇이 있는데, 그것을 놓치면 이후에 매우 힘들어지기 때문입니다. 이때 자리 잡은 '긍정적인 자기 인식'과 '건강한 사회성'이 평생을 따라다니죠.

반면에 이 시기를 놓치면 더 많은 시간과 노력이 필요합니다. '호미로 막을 걸 가래로 막는다'는 속담처럼 말입니다. 예를 들어 볼까요? '아무리 힘들어도 차근차근 하다 보면 끝낼 수 있다'고 가르치고 싶어도 열 살 전에 이걸 경험해 보지 못한 청소년이라면 부모와 아이 모두 부단히 노력해야 하죠. 10세 이전의 아이들은 보고 겪고 배운 것들을 바탕으로 뇌의 신경 연결망이 구축되며 가장 활발하게 발달합니다. 이때 배우지 않은 것은 신경망 자체가 발달하지 않았기 때문에 나중에 습관을 만들어 주려고 하면 더 많은 노력이 필요합니다. 즉 인생의 기본을 쌓아 가는 시기인 10세까지 아이에게 꼭 필요한 삶의 역량을 잡아 준다면 이후부터는 부모가 나서지 않아도 아이 스스로 발전해 나갑니다.

운동선수들은 기량 향상에 있어 기초 체력과 자세를 가장 중요하게 생각합니다. 교육 역시 마찬가지입니다. 아이의 성장이 가장 활발한 초등 저학년 때에 인생을 살아갈 기본기를 만들어 줘야 합니다. 아이에게 '기초가 없다'는 것은 단순히 지식 부족만을 의미하지 않습니다. 그보다 평안한 마음의 힘(자기조절력과 회복탄력성 등), 생활습관, 학습 태도가 부족해져서 더 큰 문제가 되죠. 저는 저학년 때부터 꾸준히 형성해 온 생활습관과 학습 태도가 학습에 더 큰 영향을 미친다는 사실을 교육 컨설팅을 하면서 실제로 자주 목격하고 있습니다.

따라서 아무리 늦은 것 같더라도 공부하라고 밀어붙이기 전에 아이의 습관과 마음 태도를 점검해 봐야 합니다. 마치 농부가 밭에 씨를 뿌리기 전에 땅을 갈아엎어 비옥하게 하는 것과 같죠. 돌도 많고 잡풀도 많고 영양가도 부족한 밭에 좋은 씨앗을 구해 무작정 뿌리는 농부가 과연 있을까요? 하지만 현재 우리나라의 많은 학부모가 비효율적인 농부처럼 밭 상태는 고려하지 않고 일단 씨앗만

뿌리고 있습니다. 교재, 학원, 과외, 체험 프로그램 등 나름 좋다고 생각하면 아낌없이 자녀에게 제공하죠. 그보다는 먼저 씨가 잘 자라도록 흙을 갈아엎고 비옥하게 만들어야 합니다.

자녀의 좋은 습관 형성하는 법

"이제부터 진짜 열심히 할 거예요!" 진로와 입시 상담을 할 때 학생들에게 가장 많이 듣는 말입니다. 그런데 이렇게 말하는 아이들 중에 실제 행동에 옮기는 경우는 거의 본 적이 없습니다. 내일부터, 다음 주부터, 다음 시험부터, 내년부터 하다가 어느새 고3이 되고 수시 원서 쓰는 시기가 다가오죠. 아이들에게 문제가 있는 게 아니라, 누구든 다짐을 당장 행동으로 옮기는 것은 쉽지 않습니다. 몸에 배어 버린 익숙한 행동, 즉 습관을 바꾸는 것은 세상을 바꾸는 것만큼이나 어렵죠. 열심히 하고 싶은 마음은 들지만 습관으로 굳은 사고와 행동이 새로운 시도를 할 때 '저항'하고 '방해'하여 뇌는 편하고 익숙한 쪽을 선택해 버립니다.

징검다리를 건널 때 디딤돌 사이가 너무 넓다면 중간에 돌 몇 개를 더 채워 넣으면 됩니다. 하지만 돌이 아예 없다면 처음부터 평평하고 넓고 단단한 디딤돌을 놔야 하죠. 중·고등학생 때 자기주도적으로 공부하고 진로를 찾아가는 아이들은 중간중간에 빠진 돌을 놓듯 부족한 부분을 보충해 나갑니다. 하지만 좋은 생활습관이 형성되지 않은 아이는 돌 자체가 없는 것과 마찬가지니 처음부터 다시 관리해야 하죠.

어려서부터 좋은 생활습관의 가치를 알고 자녀가 형성할 수 있게 애쓰는 부모라면 인성교육과 진로교육을 이미 잘하고 있는 셈입니다. 아무리 공부를 강조하는 부모라도 가만히 지켜보면 자녀와의 진짜 갈등은 자녀의 생활습관을 두고 부모의 잔소리가 쌓이면서 발생하는 경우가 정말 많기 때문입니다. 의외로 많은 부모가 대놓고 성적을 올리라고 잔소리하지 않습니다. 부모들이 해결하기 원하는 자녀 문제는 대부분 생활습관에 관련되어 있죠.

고학년이 되어 가는 자녀를 두고 부모들은 과거를 후회할 때가 참 많습니다. "유치원이나 저학년 때부터 생활습관을 잡아 주었더라면 얼마나 좋았을까?" 하고 말이죠. 아이가 말이 통할 정도의 나이가 되면 생활습관 형성에 특히 애써야 합니다. 자녀 생활에 대한 점검은 아침에 일어날 때부터 시작됩니다. 엄마가 깨우지 않아도 스스로 일어나는지, 이부자리를 잘 정리하는지, 준비물을 전날 미리 챙겨 놓는지 등을 살펴야 하죠. 그다음에는 가정마다 교육 철학에 따라 자기 물건을 스스로 정리하는지, 바른말을 쓰는지, 스마트폰과 디지털 기기를 정해진 시간에만 사용하는지, 집안일을 돕거나 운동을 하는지 등을 확인하면 됩니다.

다음으로는 학습 습관을 살펴야 합니다. 학습 습관으로는 학교 과제를 잘 해가는 습관, 계획표를 구체적으로 짜는 습관, 미루지 않고 계획대로 실천하려는 습관, 책상 앞에 앉아 연필을 쥐고 무언가를 작성하는 습관, 스마트폰과 컴퓨터 등 학습에 방해되는 기기를 절제할 줄 아는 습관, 그리고 독서 습관이 있죠. 특히 학교에서의 수업 태도를 주의 깊게 살펴보세요. 모든 공부의 시작은 학교 수업입니다. 학교 수업에서부터 태도가 어그러지면 숙제와 예습, 복습 등 모든 게 흐트러지죠. 이게 지속되면 고학년이 되어도 학교 생활에 대해 부정적인 이야기를 많이 합니다.

"선생님이 무슨 말을 하는지 하나도 못 알아듣겠어요."(말할 줄 아는 아이는 그나마 가능성이 있습니다.) "숙제가 어려워서 못하겠어요."(요즘 초등학교 숙제는 웬만해선 그리 어렵지 않습니다. 이런 말을 꺼낼 때는 대부분 귀찮고 하기 싫어서죠.) "오늘까지만 놀고 내일부터 할게요." 만약 아이가 이런 말들을 점점 자주 한다면 수업 태도에 빨간불이 켜진 것입니다.

무엇보다 앞서 말한 습관들을 누가 시킬 때만 하는지, 아니면 스스로 하는지 점검해야 합니다. 고학년인데도 마지못해 타율적으로 하거나 자기 일에 책임감은커녕 아무런 감정을 느끼지 않는다면 그것부터 고쳐 나가야 합니다. 자녀에게 좋은 생활습관을 만들어 주려하거나 반대로 나쁜 생활습관을 바꾸고자 하는 부모라면 자녀의 생각, 결심, 실천 중에 무엇에 도움이 필요한지 구체적으로 점검하고 방법을 모색해야 합니다.

좋은 습관이 형성되는 데는 적어도 3개월이라는 시간이 필요합니다. 최소 21일 동안 반복해야 온전한 습관으로 형성된다는 '21일의 법칙'이 있긴 하지만, 요즘은 스마트폰과 미디어의 영향으로 그보다 더 오래 걸리는 것 같습니다. 그래서 모든 외부의 영향을 차단하지 않는 한, 요즘은 3개월 정도가 필요하다고 생각합니다. 이렇듯 습관을 형성하는 기간에는 인내심을 가지고 아이를 지도해야 합니다. 대다수 부모는 한두 번 가르치거나 돈을 크게 들이면 아이의 행동이 좋아질 것이라고 기대합니다. 그러다 보니 아이가 여전히 같은 행동을 반복하면 자신을 무시한다고 생각하여 아이를 혼내는데, 이는 부모를 무시하는 행동이 아니라 몸에 최적화되는 시간이 필요해서 그런 것입니다.

◆ 아이의 장점과 강점이 최고 무기가 된다

진정한 인성교육은 자녀가 자신의 강점과 장점을 스스로 인식하고, 이를 바탕으로 자신의 능력을 개발할 수 있게 돕는 것입니다.

이를 통해 아이들은 세상의 어려움에 압도당하거나 남들과의 비교에 위축되지 않고, 자신의 성장과 발전에 집중하게 됩니다. 이후 꿈을 위해 무언가에 집중하고 몰입하면서 행복감과 성취감을 얻을 수 있죠.

그래서 먼저 내 아이의 장점부터 봐야 합니다. 그 장점을 발전시켜 나가면 곧 인생의 저력을 이루는 강점이 되죠. 아이들은 저마다 하나 이상의 장점을 가지고 있습니다. 100가지를 잘해도 한 가지는 못하는 사람이 있고, 100가지를 못하는 듯이 보여도 한 가지는 잘하는 사람이 있죠. 그런데 컨설팅을 하다 보면 많은 엄마가 자녀의 색깔을 찾는 게 무척 어렵다고 하소연합니다. 국어나 수학 같은 교과목 또는 음악이나 미술 같은 예체능에 재능을 보이면 쉽게 파악할 수 있지만, 그렇지 않으면 힘들다는 것이죠. 실제로 학부모를 대상으로 강의할 때 자녀의 장점을 찾아 적지 못하는 학부모가 정말 많습니다. 오죽하면 '잘 먹고 잘 자요'라고 적어 내는 부모도 있죠. 이러한 일이 나타나는 이유는 장점과 강점을 다른 아이와 비교하거나 결과나 점수 같은 '업적'으로만 한정 지어서 보기 때문입니다. 아이에게 터무니없이 큰 것을 기대하지 않는다면 장점을 그리 어렵지 않게 발견할 수 있습니다.

긍정심리학의 대가인 마틴 셀리그먼Martin Seligman은 행복한 인생을 사는 방법을 연구한 학자로 유명합니다. 셀리그먼은 행복한 인생의 원리 중에 하나는 자신이 잘하고 좋아하는 것에 집중하고 몰입하는 것이라고 밝혔죠. 이에 따라 부모 또한 아이가 자신의 약점이나 인생의 어려움에서 스스로를 보호하고 강점을 바탕으로 올바르게 살아갈 수 있도록 도와야 합니다. 또한 아이의 자발적인 변화를 원한다면 아이의 약점을 들춰내 매번 비판하기보다는 강점을 찾아주는 것이 좋습니다. 아이의 강점을 찾아 칭찬함으로써 약점을 극복할 수 있게 유도하는 것이죠. 다음은 셀리그먼이 제안한 강점 중에 초등 저학년 아이들에게 적절한 것을 추린 것입니다. 내 아이의 강점을 도무지 못 찾겠다는 부모에게 도움이 될 것입니다.

- **호기심** 혼자 있어도 심심해하지 않고 뭔가를 하며 재미있게 논다. 또한 관찰과 발견을 잘하고 끊임없이 질문한다.
- **학구열** 새로운 것을 배우면 기뻐하고 더 찾아보거나 기존에 알고 있던 것과 연결시키려 한다.
- **창의력** 언제나 재미있는 아이디어나 새로운 방법을 제안하고, 유무형의 콘텐츠를 만드는 것을 즐긴다.
- **사회적 지능** 어디를 가든 다른 사람들과 잘 어울린다. 또는 조용하고 내성적이어도 상대방에게 다가가려고 작은 시도를 한다.
- **열린 마음** 한쪽으로 치우치지 않게 다양한 각도에서 바라보며 생각한다. 어떤 대상이든 용기를 내어 질문하고 다가간다.

- **끈기** 어떤 일이든 시작하면 시간이 걸리더라도 끝까지 해낸다.

- **친절** 새로 온 친구나 어린 동생들에게 잘해 주려고 노력한다.

- **지도력** 다른 아이들이 잘 따르고, 놀이를 이끌거나 친구에게 어떤 식으로 할지 제안한다.

- **공정성** 싫어하는 친구에게도 싫은 티를 내지 않고 공정하게 대한다. 순서를 잘 지킨다.

- **자기통제력** 필요하면 스마트폰 영상 시청이나 게임 등을 스스로 당장 그만둘 수 있다.

- **신중함** 위험한 상황을 잘 파악하고 안전하게 피하거나 행동한다.

- **유머 감각** 가족이나 친구가 우울하거나 분위기가 험악해지려 할 때 분위기 개선을 위해 정서적인 말을 하거나 우스갯소리를 한다.

사람은 단점만 계속 지적받으면 움츠러들고 수동적으로 변해 능력을 제대로 발휘하지 못합니다. 마음이 더 여린 아이들은 당연히 더욱 주눅 들겠지요. 하지만 가장 사랑하는 사람인 부모가 나도 모르던 강점을 발견해 인정하고 칭찬까지 해주면 자기 자신을 긍정적으로 바라보기 시작합니다. 부모는 자녀가 강점을 발휘할 기회를 자주 제공해 주면 좋습니다. 예를 들어 '친절'한 아이에게는 동생에게 책을 읽어 주게 하거나 집안일을 돕게 하는 방법이 있습니다. 또 '공정성'이 발달한 아이에게는 환경보호 활동에 참여시키는 것이 좋습니다. 마지막으로 '호기심'과 '학구열'이 있는 아이에게는 관심사에 맞는 다양한 강연이나 외부 활동에 참여하는 기회를 주어 배움의 기쁨을 맛볼 수 있도록 합니다.

특히 기질과 성향에 따라 체험 활동을 선택하면 좋습니다. 현실적인 것보다는 미래의 가능성을 찾는 '직관형'의 아이에게는 그 분야의 유명인사나 전문가의 강연 및 공연 등을 추천하고, 사물을 인식하는 '감각형'의 아이에게는 공작이나 드로잉 같은 창작 활동, 과학 또는 공학 캠프, 자연생태체험, 요리교실 등을 추천합니다. 또한 사람과의 상호작용과 남을 돕는 일에 관심이 많은 '감정형'의 아이에게는 리더십 캠프, 봉사활동, 자선 캠페인 등을, 논리적인 분석과 인과관계 규명을 좋아하는 '사고형'에게는 경제 교실, 역사 캠프, 코딩이나 IT 관련 체험을 추천하고요.

이외에도 아이가 좋아하고 흥미를 갖는 분야라면 직접 체험해보게 하는 것이 좋습니다. 유익한 체험을 통해 긍정적인 학습의 강화 작용이 일어나고 관심의 영역도 넓어질 수 있습니다. 무엇보다 아이가 자신의 강점을 자주 접하는 과정에서 몰입을 통해 희열을 맛보고 스스로 더 발전하고자 열정을 다할 것입니다.

집안일은 인성과 성적을 향상하는 최고의 도구다

어느 남자 중학교에서 1학년 학생들을 대상으로 강연을 한 적이 있습니다. 강연을 다닐 때마다 느끼는 건 같은 학년인데도 해가 갈수록 아이들의 행동이 점점 더 어려 보인다는 것이죠.

강연을 준비하는 담당 선생님께 들은 이야기가 하나 있는데요. 학기 초에 학생들에게 교실 청소를 시켰는데 빗자루질을 너무 못하기에 진지하게 물어봤더니 이런 대답이 돌아왔다더군요. "저 빗자루질 처음 해보는데요. 집에서는 로봇청소기가 하는데." 그 말을 들은 선생님은 어디서부터 어떻게 쓸어야 할지 구체적인 청소법을 알려 주었다고 합니다. 정말 그럴 수도 있는 게 가뜩이나 웬만한 집안일은 거의 부모가 다 하고 그나마 하던 일도 로봇청소기와 식기세척기가 있으니 요즘은 청소와 설거지 등 간단한 집안일을 해보지 않은 아이가 꽤 많습니다. 그래서 선생님은 요즘은 기본적인 생활지도를 일일이 가르쳐야 해서 조금 힘들다고 토로했죠.

그런데 부모 교육을 하다 보면 아이들에게 집안일이나 '힘들고 고생스러운 일'을 시키기 싫다는 분들을 종종 만납니다. 이유인즉슨 귀하게 자란 아이가 밖에 나가서도 귀한 대접을 받는다는 것이죠. 이런 부모들은 대체로 아이가 공부에만 전념할 수 있게 하나부터 열까지 다 해주는 것을 부모의 의무로 여깁니다. 좀 더 나이대가 있는 부모 세대의 이야기 같지만, 의외로 요즘 부모 중에는 자녀에게 공부하고 학원에 다니는 것만으로도 빠듯할 테니 다른 건 자신이 다 하겠다고 말하는 분이 종종 있습니다. 그래서 학년이 높아질수록 공부 핑계로 집안일이나 집안 행사 등을 전부 멀리하는 학생이 많죠.

그러나 이렇게 자란다면 자기 앞가림을 못하는 것은 기본이고, 심할 경우 사회에서 주변머리가 없다는 말을 들을 수 있습니다. 여기서 주변머리란 '일과 주변 환경을 관리하고 잘 해내는 재주, 또는 대인관계에 필요한 사교 기술과 센스' 정도로 정의할 수 있을 겁니다. 또한 눈치가 있어 순간적으로 상황을 파악하고 적절하게 반응하고 대처하는 능력을 말하기도 하죠. 반대로 주변머리가 없다면 상황 대처에 서툴고 융통성과 유연성이 부족하여 사람들에게 뭐 하나 도움을 주고받지 못한다는 뜻이겠죠. 이것이 심해져 자기중심적인 성격이 되면 사회에서 '개념 없는 인간'으로 찍혀 기피하고 싶은 존재가 됩니다. 이렇게 공부 외에 아무것도 하지 않아 주변머리가 없어진 아이가 정말 부모의 소원대로 사회에서 귀한 대접을 받을 수 있을지는 의문입니다.

집안일을 돕는 것은 공부에도 도움이 된다는 연구 결과가 꽤 있습니다. 집안일이 아이들이 필요로 하는 현실적이고 실제적인 문제해결력을 키울 수 있게 돕는다는 것이죠. 실제로 집안일을 통해 아이들은 스스로 해냈다는 성취감과 함께 동시에 책임감을 느끼면서 인격적으로 성장할 수 있습니다. 또 집안일을 통해 사소하지만 매일 해야만 삶을 건강하게 만들어 주는 것들이 있음을 깨닫게 됩니다. 무엇보다 나를 위해 수고해 주는 존재에 대해 감사할 수 있게 되죠. 이때 아이가 가족, 특히 부모에게 얼마나 큰 도움이 되는지 계속 말해 주면 좋습니다. 사람이라면 누구나 자신은 중요한 존재이며 자기가 속한 공동체에 기여하고 있다는 것을 확인받고 싶어 하기 때문입니다. 초등학생 때부터 아이의 시간표에 학교 및 학원 스케줄 말고도 세탁물 정리, 청소, 식사 준비, 설거지 같은 집안일을 추가하면 아이들은 집안일을 통해 일상의 문제해결력을 키우고 자기중심적인 시야에서 벗어나 주변을 살필 수 있을 것입니다.

가족 규칙과 용돈 관리로 자기조절력을 키우자

가정에서 부모가 가장 쉽고 간편하게 할 수 있는 인성교육은 바로 가족 규칙과 용돈 관리입니다. 사회에서는 얻을 수 없는 편안하고 자유로운 소통과 더불어 가족 간에도 서로 존중해야 할 영역이 있기 때문에 가족 규칙을 정하는 것은 정말 중요합니다. 가족 규칙을 정하는 목적은 자녀가 일상생활에 필요한 습관과 자기관리 능력을 키우고 부모와 자녀가 서로 신뢰감을 쌓기 위함입니다. 이 규칙을 설정하고 지켜 나가는 과정에서 아이는 주체적으로 판단할 기회를 얻게 됩니다. 또한 가족 규칙은 가족 간의 애정과 존중을 표현하게 하고 소통 기회를 늘려 주며 공동체 의식과 사회성을 배우고 실천할 좋은 기회입니다.

가족 규칙을 제대로 실행하기 위해서는 무엇보다 아이들이 가족 규칙을 이해하고 받아들일 수 있어야 합니다. 그러려면 부모와 자녀 간에 끊임없이 토론하며 조율하는 것이 중요하죠. 처음부터 거창하게 토론할 필요는 없고, 소소한 가족회의부터 해도 됩니다. 가족회의 주제도 '주말에 할 일 나누기'처럼 작은 것부터 시작하고, 이때 말로만 하지 말고 여러 색깔의 포스트잇과 펜을 준비해서 의견을 적어 가며 조율하는 것이 좋습니다. 이렇게 '한 달에 한 번'과 같이 일정한 날짜마다 서로에게 바라는 점을 이야기하고 가족 규칙을 함께 세워 보는 것입니다.

아이와 함께 가족 규칙을 정하고 나면 가족 누구나 볼 수 있도록 종이에 써서 붙여 놓습니다. 이때 서로에게 바라는 점도 규칙으로 정해서 적어 보면 좋습니다. 또한 모든 규칙은 자녀뿐 아니라 특히 부모 먼저 지켜 나가야 합니다. 가족 규칙을 정할 때는 서로 협력하는 민주적인 방식이 가장 좋습니다. 그렇다면 가족 규칙을 정하는 방법은 어떻게 될까요?

- **1단계** 일방적인 요구가 아닌 함께 대화하며 규칙을 정한다.
- **2단계** 아이들이 현실적으로 지킬 수 있을 만한 규칙을 세운다.
  (너무 융통성 없고 비현실적이면 오히려 갈등이 생길 수 있다.)
- **3단계** 보상과 벌칙을 적절히 정한다.
- **4단계** 정한 규칙을 일관성 있게 실천한다.

부모와 자녀 모두 정해 놓은 규칙을 꼭 지켜야만 규칙의 권위가 유지됩니다. 특히 규칙을 의도적으로 피하면서 미루려고 하면 당연히 그 대가를 감당해야 한다는 점을 자녀에게 인식시키는 것이 중요합니다. 또한 규칙을 지킨 보상으로 용돈을 주어서는 안 됩니다. 초등학생이 되면 돈에 관심이 많이 생기고, 친구와 용돈을 서로 비교하면서 부모에게 용돈을 더 달라고 요구하기도 하죠. 만약 이때 '이불 정리를 했으니까', '책상 정리를 했으니까', '자기 빨래를 갰으니까' 하고 아이에게 돈을 주게 되면, 아이는 돈이 필요하니까 집안일을 돕는다는 식으로 생각하게 됩니다.

따라서 '가족의 일원으로서 우리 집의 일을 감당하는 것이 당연하다'라는 사실을 분명하게 제시해야 합니다. '자기와 관련된 일', 즉 자신의 이부자리와 물건을 정리하는 건 기본이니 어떤 대가를 바라서는 안 된다고 일러 줘야 하죠. 반면 집 안 청소, 쓰레기 분리 수거, 설거지 및 식탁 정리 등과 같이 가족이 함께 쓰는 공간을 관리한 경우는 그에 합당한 용돈으로 보상해도 괜찮습니다.

무엇보다 벌칙은 되도록 지양해야 합니다. 벌칙을 정하면 부정적인 이미지가 강해집니다. 즉 가족 규칙에 따라 집안일을 하고 가족과 시간을 보내는 것을 손해 보는 것 같지만 어쩔 수 없이 해야 하는 일이라고 생각하게 되죠. 만약 벌칙을 정해야 한다면 자녀와 상의하여 자녀 스스로 결정할 수 있게 하는 편이 더 좋습니다. 요즘은 가정에서 스마트폰 사용 시간을 두고 자주 다툽니다. 아이들이 새벽까지 스마트폰을 하다가 다음 날 늦잠을 자서 지각하고 수업 시간에 조는 일이 반복되기 때문이죠. 문제는 아이들뿐만 아니라 부모들도 잠들 때까지 스마트폰을 손에 쥐고 있다는 것이죠. 제가 컨설팅에서 추천하는 방법은 가족 모두 일정한 시간(예를 들어 밤 11시)에 거실에 스마트폰을 내놓고 자는 것입니다. 실제로 스마트폰을 거실에 내놓고 잔 다음 아침에 각자 찾아가는 것을 가족 규칙으로 정한 가정도 있습니다.

더 나아가 자녀가 초등학생일 때부터 집안일을 돕거나 심부름을 하는 습관이 들었다면 아이와 함께 "어떡하면 집안일을 금방 끝낼 수 있을까?" 하고 아이디어를 나눠 보는 것도 좋습니다. 제한 시간을 설정해 심부름과 집안일을 가족 모두 게임처럼 해보고 이후에 "어떻게 하면 시간을 줄일 수 있을까?", "어떻게 하면 더 깔끔하게 마무리할 수 있을까?" 하고 피드백하면 가족 간의 유대감과 친밀감이 강화되고, 더불어 아이의 인성과 인지능력도 향상될 것입니다.

부모와 함께 자기조절력과 자기주도학습력 키우는 법

앞서 설명한 대로 많은 전문가는 자기조절력은 타고나는 것이 아니라 근육과도 같아서 사용하면 할수록 단련된다고 말합니다. 따라서 부모는 자녀가 초등학생일 때부터 무리하지 않는 선에서 자녀의 자기조절력 향상을 위해 신경 써야 합니다.

가장 쉽게 할 수 있는 방법을 소개하자면, 먼저 주변 환경을 정리하는 것입니다. 어른도 다이어트를 하는 와중에 눈앞에 음식이 있다면 참기 힘들죠. 하물며 어른도 이러한데, 당장의 욕구가 급한 아이들은 오죽할까요? 아이 눈앞에 스마트폰과 TV를 두고 무작정 참으라고 하는 것은 거의 고문과 비슷합니다. 그래서 아이의 집중력과 인내심을 방해할 만한 전자제품에 되도록 노출되지 않게 아이의 동선과 스케줄을 살펴 관리해야 합니다. 아이가 충동적으로 관심을 일으킬 만한 환경을 정돈하면 많은 도움이 됩니다.

두 번째는 부모도 노력하고 있다는 것을 자녀에게 보여 주는 것입니다. "엄마도 진짜 하기 싫은데 조금이라도 운동하는 거야", "아빠도 게임 더 하고 싶고 야식도 먹고 싶은데 다음 날에 컨디션이 안 좋아지니까 참는 거야" 하고 이야기하면서요.

자기조절력은 가치 있는 욕구와 순간적인 욕구를 구분하고 얼마나 참을 수 있는지를 의미합니다. 천성적으로 타고나는 사람은 거의 드물고, 살아가면서 배우고 키우는 영역이므로 어릴 때 자기조절을 할 만한 기회를 얼마나 자주 갖느냐가 관건이죠. 즉 인내의 달콤함과 보상을 직접 체감해야만 계속 성장할 수 있습니다. 특히 초등학생은 자기조절력과 자기주도학습능력을 함께 키울 수 있도록 지도해야 합니다. 이를 위한 과정은 4단계로 이루어집니다.

1단계에서는 아이 스스로 무엇을 할 수 있는지 가만히 생각할 수 있게 유도합니다. 이때 아이가 심사숙고한 일이 부모 눈에는 성에 차지 않더라도 비난하거나 잔소리를 하면 안 되고, 부모가 절대 먼저 나서지 말아야 합니다. 2단계는 앉아 있는 연습부터 시키는 것입니다. 이때 '비주얼 타이머'를 사용하면 좋습니다. 일반 스톱워치와는 다르게 설정 시간이 줄어들수록 빨간색 시간 표시가 점점 좁아져서 시각적으로 인지하기에 쉽기 때문이죠. 3단계는 아이와 함께 상의해서 공부의 종류, 시간, 분량을 조절하는 것입니다.

즉 공부의 규모를 가늠하는 단계입니다. 마지막 4단계에서는 계획표를 만들어 매일 꾸준히 실천하도록 곁에서 관리해 주어야 합니다. 초등학생은 아직 자아가 완성되지 않았기에 고차원적인 자기성찰로 목표를 설정하고 이를 시간 단위로 쪼개는 것이 현실적으로 힘듭니다. 따라서 계획표를 세울 때부터 부모가 곁에 함께 있어주면 좋습니다.

혼자서 공부하는 힘이 약한 아이들은 처음부터 책상 앞에 진득이 앉아서 많은 양을 공부할 수 없습니다. 그래서 점진적으로 자기조절력과 집중력의 시간을 늘려 가는 것이 좋습니다. 처음에는 15분 공부법을 실천해 보세요. 15분 공부법은 '개념 정리, 내용 이해, 암기'에 각각 5분씩 들이는 것으로, 두 세트만 해도 두 과목을 30분 자습하는 셈이 됩니다. 그리고 짧은 시간이라도 공부를 마치면 반드시 어땠는지 피드백을 해야 하죠.

마지막으로 잘못한 부분과 지켜야 할 것은 반복해서 설명하고 이해시킵니다. 제대로 된 훈육은 방향과 방법까지 알려 주는 것입니다. "착하게 굴어야지", "잘해야지" 같은 추상적인 의견은 아이를 오히려 혼란스럽게 만듭니다. '금지-제한-한계-지침'의 방식으로 동사형을 써서 구체적으로 안내해 주면 아이의 자기조절력을 키우는 토대를 마련해 줄 수 있습니다.

◆ '사람 공부'를 일찍 시작할수록 인재가 될 수 있다

저출산 시대인 요즘에는 자녀를 한 명만 둔 가정이 많죠. 그나마 사촌이라도 많으면 다행인데, 외동이면서 사촌도 없으면 양가 온 가족의 사랑을 독차지하게 됩니다. 이러한 아이들 중에는 학교에 가면 사랑과 관심을 받는 주인공에서 멀어진 느낌이라 다른 사람과 어울리는 걸 어려워하는 경우가 있습니다. 또한 미디어와 디지털 기기에 일찍 노출되다 보니 다른 사람의 감정과 처지를 제대로 알아채지 못하는 아이들이 늘어나고 있죠. 이처럼 인정이 점점 메말라 가는 세상에서는 정서지능과 사회성이 높은 것만으로도 귀한 품성을 가진 희소성 있는 인재가 됩니다. 사회성의 기본은 상대방의 입장을 잘 이해하고 기분에 공감하며, 이로 말미암아 자신 또한 위축되거나 스트레스를 받지 않는 것입니다. 그래서 건강한 사회성을 갖추려면 자신의 감정지능부터 향상해야 합니다. 감정지능이 높다는 것은 구체적으로 표현하자면 '기질'을 잘 이해하고 '감정인지능력'과 '감정처리능력'을 소유한 상태를 말합니다.

초등학생은 아직 자신의 기분과 감정을 다루는 법을 배우고 있는 단계로, 부모는 아이의 기질부터 파악하고 감정인지능력과 감정처리능력을 함께 성장시키도록 돕는 게 좋습니다. 사람은 누구나 천성적으로 타고난 기질이 있으며, 좋고 나쁘다는 식으로 우열을 가릴 수 없죠. 사람의 기질은 태도, 기분, 성향 같은 요소로 구성됩니다. 이것들은 어린 시절 성격과 개성이 발달하는 과정에 큰 변수로 작용합니다. 기질 유형은 오감을 통해 얻은 정보를 어떻게 사용하는지, 자기 내면의 목소리에 얼마나 귀 기울이는지, 어떤 결정을 내릴 때 논리와 감정 중 무엇을 근거로 하는지로 판단할 수 있습니다.

감정 처리의 중요성을 잘 아는 부모는 아이가 자신의 기질 유형을 스스로 깨달아서 자기 자신을 정서적으로 파악하고 감정을 잘 다룰 수 있게 돕습니다. 자신의 기질을 잘 알면 기질의 장점은 자유롭게 사용하고, 약점은 적절히 멀리하거나 노력으로 극복하려고 합니다. 이렇듯 감정 처리를 잘하는 사람으로 성장시키려면 초등학생 때부터 감정적 기질을 잘 알도록 자기 자신과 대화하는 습관을 키워 주는 게 좋습니다. 이를 위해 부모는 평소 아이에게 누구와 함께 놀았는지, 어떤 영상이나 콘텐츠를 봤는지, 하루 동안 무엇을 스스로 결정했는지 대화를 통해 자연스럽게 떠올리도록 해야 합니다. 더 좋은 것은 대화 이후에 일기를 써보는 것입니다. 무엇 때문에 그런 선택을 했는지 부모 먼저 아이의 기질을 알아보는 연습을 하는 것이죠. 또 저마다 다른 기질을 가지고 있는 사람들이 각자 어떻게 느끼고 행동하는지 살펴보자고 하면서 관찰 훈련을 일상에서 자연스럽게 유도하는 것도 좋습니다. "친구들과 주변 어른들은 무엇을 좋아하고 어떤 취미가 있을까?" 같은 질문을 던지면서 '사람 공부'를 자연스럽게 시키는 것이죠. 매일 정해진 시간에 아이와 이런 대화를 할 수는 없겠지만, 스마트폰만 들여다보는 것보다 아이와 아이스크림을 먹으며 산책하면서 이렇게 연습하다 보면 자녀의 감성지능을 높이는 데 도움이 될 겁니다.

무엇보다 아이들은 부모와 대화하면서 사회의 중요한 가치관을 배웁니다. 공공장소에서 떼쓰고 운다거나 또 지하철에서 뛰어다니면 안 된다는 것은 알아도 그 이유가 남들이 나 때문에 '불쾌해서'라는 것을 잘 모르는 아이가 꽤 많습니다. 또 사람을 만나면 인사하는 게 예의라고 배우긴 했지만 그 본질이 '반가움'이라는 걸 모르는 경우도 있죠. 그래서 부모가 어른을 만났을 때 공손히 손 모으고 배꼽 인사를 하라고 하면, 반가움이라는 감정을 인지하지 못하기 때문에 억지로 하듯 어정쩡하게 행동하게 되는 것입니다. 즉 부모가 혼낼까 두렵거나 밖에서 떼쓰면 창피하다는 식으로 '체면'을 중요시하지만, 자신의 행동으로 타인이 불편할 수 있다는 것은 경험해 본 적이 없으니 아예 생각하지 못합니다.

감정지능은 나의 자존감과 건강한 내면을 위한 것도 있지만, 다른 사람의 처지에서 생각할 수 있는 능력을 키우기 위함입니다. 이를 위해서는 초등학생 때부터 생각하는 여유를 키우고 논리정연하게 표현하는 기회를 주어야 합니다. 다른 사람의 처지에서 생각하는 능력은 하루아침에 생기지 않을 테니까요. 따라서 가능하면 아이와 자주 대화하고 아이의 이야기를 꼭 들어주세요.

◆ 감정처리능력을 키워 주는 감정 코칭

매년 크리스마스 때마다 TV에서 자주 방영하는 영화들이 있죠. 그중 몇 개가 〈나 홀로 집에〉와 〈러브 액츄얼리〉입니다. 두 영화의 공통점은 초등학생인 등장인물이 있다는 것이죠. 먼저 〈나 홀로 집에〉의 주인공 케빈은 왜 사고를 치고 다닐까요? 케빈의 기질 자체가 그러한 면도 있지만, 형제자매에게 이리저리 치이면서 마음에 부정적인 욕구와 감정이 쌓였기 때문입니다.

또 〈러브 액츄얼리〉에는 아내를 잃고 힘들어하는 새아빠와 짝사랑에 빠진 초등학생 아들의 에피소드가 나오죠. 여기서는 감정 코칭이 어떠해야 하는지를 자연스럽게 알 수 있어서 인상 깊었습니다. 상실감에 힘들어하던 새아빠는 자기 방에 콕 박혀 있는 어린 아들을 발견하죠. 그제야 아이를 돌아보지 못했다는 미안한 마음에 아이와 교감하고자 동분서주합니다. 이처럼 부모는 아이의 감정에 민감해야 합니다. 아이가 우울해하거나 화내거나 슬퍼할 때 아이를 이해하고 가까워질 수 있는 긍정적인 기회로 달리 활용해 보세요. 〈러브 액츄얼리〉에서도 사랑에 빠진 초등학생 아들의 이야기를 진지하게 들어주며 새아빠와 아들이 더욱 친해지게 되죠. 만약 어린애가 무슨 사랑이냐고 하면서 그 감정을 무시했다면 아이는 상처받고 마음의 문을 닫았을 겁니다.

'정서지능'과 '감정지능'은 비슷한 의미로 사용되기도 하지만, 일반적으로 정서지능은 정서라는 정보를 이성적으로 처리하고 조절하는 능력을 의미하고, 감정지능은 자신이나 타인의 감정을 인식하고 통제하며 사고와 행동에 반영하는 능력을 의미합니다. 여러 연구 결과에 따르면, 정서지능과 감정지능은 사회성, 건강한 정신, 학업 성적, 자신의 분야에서의 성취와 성공, 리더십 등 여러 분야에서 중요한 역할을 합니다. 이처럼 좋은 것은 알겠는데, 영어나 수학 같은 교과목이 아니다 보니 부모 입장에서는 어디서부터 도와야 할지 도무지 감이 잡히지 않습니다.

부모가 아이의 감정 조절을 도와주는 첫 번째 방법은 아이의 감정 상태를 파악하고 그에 따라 민감하게 반응해 주는 것입니다. 아이가 평소와 달리 시무룩하다거나 잠을 많이 자는 등 어떤 문제가 발생했을 때, 또는 필요 이상으로 화를 내거나 크게 실망하고 과도한 해석과 부정적인 표현을 많이 한다면 주의 깊게 살핀 후 적절한 타이밍에 대화를 나누는 게 좋습니다. 두 번째는 아이가 자신의 감정에 적절한 이름을 붙일 수 있게 돕는 것입니다. 감정인지능력이 발달한 사람은 정기적으로 자신의 감정 상태를 성찰하고, 이를 통해 스트레스와 까다로운 감정에 잘 대처합니다.

자라나는 아이들은 매일매일 다양한 감정을 경험합니다. 그중에는 드물게 느끼는 감정도 있을 것이고, 자주 느끼는 감정도 있을 것입니다. 마음속에서 생겨나는 감정을 머리로 인지할 수 있는 능력이 감정 코칭의 핵심입니다. 아이들은 웬만큼 언어능력이 뛰어나지 않는 한 표현력이 아직 부족하기 때문에 기분 나쁜 이유를 제대로 설명하지 못합니다. 그래서 아이가 자기 기분을 자신의 언어로 잘 표현할 수 있게 부모가 곁에서 도와야 그 기분을 콕 집어 마주하고 잘 다룰 수 있게 됩니다. 이렇게 자신이 느끼는 감정이 무엇인지 알고 나면 의외로 해결책이 쉽게 나올 수 있죠.

아이가 자기 감정을 알아채고 적절한 이름을 붙일 수 있게 돕기 위해서는 우선 부모가 아이의 말을 적극적으로 경청해야 합니다. 이렇게 속마음을 터놓으며 깊이 소통할 때는 그 밑바탕에 안정감이 있어야 합니다. 그 안정감은 '아이의 감정을 있는 그대로 인정하고 수용해 주는 것'입니다. 아이가 분노나 불쾌한 감정을 표현할 때도 그 감정을 인정하고 존중해 주어야 합니다. 유교 문화의 영향 때문인지 우리나라에서는 유독 감정을 진솔하게 표현하는 것을 옳지 않다고 여기는 경우가 많습니다. 그래서 어떤 부모들은 자녀가 감정적인 반응을 표현하지 못하게 억누르기도 하죠.

하지만 사람은 믿을 만한 가까운 사람에게 하소연해서 힘든 감정을 털어내기도 합니다. 따라서 아이들이 너무나 즐거워서 시끄럽게 웃을 때 "재미있는 일이 있었어?"라고 반응하며 그 감정을 인정해 주듯, 슬프고 짜증 나고 힘든 일이 있을 때도 그 부정적인 감정 자체를 인정해 줘야 합니다. 그런데 만약 아이가 한밤에 신나서 떠든다면 어떻게 말해야 할까요? 예를 들어 "재미있나 보네. 그런데 여기서 큰 소리를 내면 다른 사람들이 시끄러워서 힘들어한단다. 10분쯤 있다가 밖에 나갈 거니까 그때 맘껏 소리치면서 놀자"라고 말하면 아이는 자신의 감정을 인정받고 타인을 배려하는 행동도 배울 수 있을 겁니다.

반대로 아이가 화를 낼 때도 화 자체를 문제 삼지 말고, 아이 스스로 화난다고 정확히 말할 수 있게 이끌어 주어야 합니다. 말을 꺼내든 글로 쓰든 자신의 감정을 구체적으로 표현하는 순간 마음속 응어리가 스스로 풀릴 겁니다. 그러면 엉킨 감정의 가지치기가 잘 이뤄지면서 감정이 들끓어도 절제하고 타인과도 감정을 잘 교류할 수 있습니다.

아이들에게 '나다움'을 가르치고 싶다면 일단 자신의 감정을 알아차리게 하는 작업이 우선입니다. 감정 코칭의 마지막 단계는 자녀와 함께 문제를 해결할 수 있는 방법을 모색하면서 동시에 한계를 설정해 주는 것입니다. 아이는 너무 광범위하면 혼란스러워하고, 너무 관대해도 무관심으로 여기기 때문입니다.

『내 아이를 위한 감정코칭』에서 감정 코칭의 대가 존 가트맨John
Gottman 박사와 최성애 교수는 부모로부터 감정 코칭을 받고 인생
의 희로애락에 대처하는 방법을 배우며 자란 아이들은 그렇지 않
은 아이들에 비해 학업 성적도 우수하고 신체도 건강하며 교우관
계도 좋았다고 말합니다. 즉 자녀가 아직 초등학생일 때 아이의 감
정에 관심을 가지고 때에 맞게 감정 코칭을 한다면 아이의 인성이
건강하게 발달될 것입니다.

건강한 교우관계를 갖도록 돕는 방법

사회성과 사교성은 다릅니다. 부모는 아이가 어디서든 원만하게
잘 지내는 사회성을 바탕으로 '인싸'처럼 좋은 친구를 많이 사귀는
사교성도 넘치길 바랍니다. 좋은 친구를 만나면 좋은 영향을 주고
받을 수 있고, 여러 사람과의 관계가 많은 기회를 주는 게 사실이
니까요. 실제로 아이들은 학년이 올라갈수록 사교성의 중요성을
점점 체감합니다. 활동 범위가 넓어지고 만나는 사람도 점점 많아
지기에 사교성은 사춘기와 성인이 될수록 더욱 중요해집니다. 그
래서 초등학생 때부터 다양한 친구들을 만나 부대끼며 소통하는

능력을 꼭 형성할 수 있게 기회를 주어야 합니다.

친구 관계는 아이에게 아주 중요한 부분으로, 아이는 친구와의 관계 속에서 정서적·도덕적으로 발달합니다. 이러한 '사회화'를 통해 아이는 자신의 감정을 조절하고 타인의 감정에 반응하는 법, 사람들과 의사소통하고 협력하는 법, 인간관계에서 생기는 문제를 해결하는 법 등을 배우게 됩니다. 심지어 학교에 좋은 친구가 있으면 학교 수업과 공부에 임하는 태도가 좋아지기도 하고, 여러 동아리나 비교과 활동에서도 시너지 효과가 나타나죠.

그렇다면 초등학생 자녀를 둔 부모는 어떻게 아이의 교우관계가 좋아지도록 도울 수 있을까요? 아직 어린 초등학생에게는 처세술을 가르쳐 줄 수 없습니다. 우선 앞에서 다룬 것처럼 '감정을 잘 파악하고 전달하는' 정서지능의 발달부터 도와줘야 합니다. 정서지능이 발달한 사람은 남녀노소를 막론하고 다른 사람의 감정, 필요와 욕구, 행동의 원인을 아주 잘 이해합니다. 좋게 표현하면 '눈치'가 발달하는 것이죠. 이 눈치의 핵심은 '경청'과 '관찰'입니다. 사람은 진심을 표현할 때 말뿐만 아니라 표정, 몸동작, 목소리의 떨림 같이 비언어적인 것으로도 타인에게 힌트를 줍니다. 눈치가 발달한 사람은 나이가 어려도 이런 힌트를 잘 포착하죠.

감정지능이 발달한 사람들의 가장 큰 특징은 생각, 기분, 반응을 구분할 수 있다는 것입니다. 예를 들어 친구들에게 "너랑 놀고 싶지 않아"라는 말을 들었을 때 '슬픈 것'은 '기분'이고 앞으로 어떻게 할지 다양한 '생각'이 들겠죠. 그에 따라 '친구들에게 이유를 물어보는 것'은 '반응'에 따른 행동입니다. 누구나 한 번쯤은 관계에서 거부당한 느낌을 받거나 친해지려고 애쓰다가 냉대를 받아본 적이 있을 겁니다. 자녀도 살아가면서 당연히 그런 경험을 할 수 있겠죠. 이때 아이마다 대처 방식이 다양합니다.

정서지능이 발달한 아이라면 '아, 뭔가 다른 일이 있나 보네', '나쁜 일이 있어서 놀 기분이 아닌가 보네'라고 생각할 겁니다. 이처럼 조금 서운하고 민망하더라도 어쩔 수 없었을 거라고 받아들이면서 이런 '거절'은 일시적이라고 생각할 테죠. 아니면 다음번에 다르게 말을 걸어 볼까 하고 반응을 보일 겁니다. 하지만 정서지능이 아직 잘 발달하지 못했다면 화를 내며 친구들이 자기를 무시한다고 느끼거나, 아니면 단체로 의기투합해서 자기를 왕따시킨다고 확대 해석할 수도 있습니다. 또는 아예 회피하면서 '그 애들은 어차피 유치해서 나랑 안 맞고 재미없었을 거야'라고 합리화할 수도 있죠. 이처럼 서운한 마음이 들 수 있겠지만 이후에 생각과 기분과 반응을 어떻게 해야 할지 부모는 아이와 속 터놓고 대화하며 잘 받아들일 수 있게 도와야 합니다.

친구를 사귀는 일이 항상 쉬울 수는 없습니다. 실제로 어떤 아이들은 친구 사귀는 것보다 공부가 더 쉽다고 말하죠. 온라인 수업을 하거나 아크릴 칸막이가 쳐진 책상에서 마스크를 쓰고 수업하던 때가 그립다는 아이도 정말 많습니다. 아직 상호적인 관계에 익숙하지 않은 아이들은 친구들과 다투며 관계의 법칙을 배워 나갑니다. 그래서 부모가 대신 나서서 해결해 준다면 아이는 친구와 생긴 갈등을 푸는 방법을 영영 배우지 못합니다. 어떤 부모도 아이의 친구 문제를 모두 해결해 줄 수는 없습니다.

어떤 연구에 따르면 초등학생들은 친구와 시간당 5회 정도 갈등을 경험하고, 각 갈등 상황은 약 30초 이어지며, 주로 한 아이가 일방적으로 지거나 이기는 결과로 끝난다고 합니다. 이런 갈등에서 매번 자녀가 지는 것도 문제이겠지만, 반대로 매번 이긴다고 해도 상대방 친구는 자주 기분이 상하고 억울해하며 자녀와 더는 함께 놀고 싶은 마음이 들지 않을 것입니다. 즉 교우관계를 오래 지속하기 어려워지겠죠. 따라서 자녀에게 갈등을 효과적으로 해결하는 방법을 알려 주는 게 좋습니다. 효과적인 갈등 해결은 총 다섯 단계로, 아이가 갈등 상황을 겪을 때를 대비해 배워 두면 도움이 될 것입니다.

- **1단계** 갈등을 건설적으로 해결하고자 하는 의지를 상대 친구에게 말로 표현한다.
- **2단계** 서로 무엇을 원하는지 그 이유와 느낌을 말한다.

- **3단계** 상대 친구가 왜 그것을 원하는지 말한다.
- **4단계** 두 사람 모두에게 실효성 있는 해결책을 두 개 이상 생각
  해 낸다.
- **5단계** 그중 한 가지 해결책을 선택하고 악수나 하이파이브 등으
  로 유쾌하게 마무리한다.

하지만 가벼운 갈등을 넘어서서 지속적인 괴롭힘과 폭력이 동반되면 당연히 어른이 개입해야 합니다. 아이 혼자 걱정하고 스트레스 받으며 그 무게에 압도되면 극단적인 생각으로 치닫기 쉽기 때문이죠. 대부분의 갈등 상황은 부모가 아이를 믿고 곁에서 지켜봐 주면 아이 스스로 고민하여 친구와의 문제를 해결할 수 있습니다. 부모가 할 수 있는 일은 다른 사람들과 더불어 살아갈 수밖에 없다는 사실과 인간관계를 긍정적인 시각으로 볼 수 있게 관점을 전환시켜 주는 것입니다. 이를 통해 아이와 함께 효과적인 대처 방법을 연구하여 이겨 나갈 수 있게 도와주세요.

진로와 가치관 학습은 끊임없는 대화로 이뤄진다

'영 앤 리치, 외제차, 명품, 세계일주, 호캉스, 건물주, 비트코인' 실

제로 제가 진로수업을 할 때 초등학생들이 보물 지도를 만들며 작성한 목록입니다. 몇 년 전 아이들이 이런 단어를 적어 낸 것을 처음 보고 충격이 컸죠. 대부분 아이들은 자신에게 얼마나 가치 있는지 생각해 본 게 아니라, 그저 SNS와 어른들의 대화에 일방적으로 노출되어서 적어 낸 것 같았습니다.

요즘 학생들은 '돈'에 대해 많이 이야기합니다. 어떤 꿈이 있냐고 물어볼 때는 잘 말하지 못하다가 그저 '부자가 되고 싶다', '돈을 많이 벌고 싶다'라고는 정말 많이 말하죠. 하지만 어떻게 부자가 되고 싶으냐고 물으면 또다시 얼버무립니다. 그나마 나오는 대답이 공부 열심히 해서 좋은 곳에 취직하겠다는 것이죠. 아무도 요즘 아이들에게 공부를 열심히 하고 좋은 곳에 취직하더라도 부자가 되기 힘들다는 걸 알려 주지 않는 듯합니다. 사실 욕망은 잘못이 아니지만 그걸 실현하는 방법에 대해 생각하지 않으면 비극이 시작될 수 있어요. 수단과 방법을 가리지 않고 욕망을 실현하려 들 테니까요. 그래서 건강한 가치관으로 자신의 욕망을 실현할 수 있는 진로교육이 필요합니다.

교육 현장에서 직접 보면 초등학교 5학년이 되어도 뚜렷한 적성이나 장래희망이 없는 아이들이 대부분입니다. 의대나 영재고, 과학고를 목표로 열심히 학원에서 선행학습을 하는 아이들이 특수한 경우죠(솔직히 이 경우에도 본인 의사가 아닐 수 있습니다). 아이돌이나 연예인 또는 예체능을 진로로 삼는 것도 외모나 끼, 개성이 확 드러나는 소수의 아이들이 선택하는 길입니다. 아직 보고 들은 경험치가 적고, 인생에 대해 큰 걱정이 없는 초등학생들이 어떻게 벌써부터 직업을 정할 수 있을까요? 아무리 부모가 진로에 대해 생각해 보라고 채근해도 갑자기 '뿅!' 하고 아이들이 꿈을 말하긴 어렵습니다.

요즘은 아이돌이나 연예인이 되고 싶은 학생이 정말 많죠. 만약 내 아이가 이런 꿈을 말할 때 무조건 안 된다거나 너의 외모와 실력을 보고 판단하라고 무안부터 주지는 말아야 합니다. 그 대신 아이가 어떤 마음을 가지고 있는지 살피는 게 좋습니다. 아이들은 모두가 선망하는 스타가 되기 위해서는 노력만으로는 힘들다는 걸 모르는 경우가 많습니다. 그건 나이가 들고 세상을 직접 경험해 봐야 알 수 있는 영역이니까요. 하지만 부모들은 아이가 시행착오를 많이 겪지 않길 바랄 뿐입니다. 그렇더라도 아이의 꿈을 무조건 반대하지 말고, 이를 오히려 진로에 관해 더 생각하고 자기주도력을 개발하는 좋은 기회로 활용하는 게 좋습니다. 자신이 어떤 길을 가고 싶은지 생각해 보는 과정이 생략되었는데, 커서 갑자기 진로를 생각해 보라고 하면 얼마나 막막하고 막연할까요?

또한 부모는 초등학교, 중학교 때의 진로 탐색은 나를 알아 가는 과정이지, 결과를 도출하는 시점이 아님을 명심해야 합니다. 그리고 나중에 자녀가 정말 원하는 분야에 들어섰을 때 기회를 놓치지 않고 잘 해내는 토대를 다질 수 있게 지금부터 도와야 하죠. 예를 들어 미래에 어떤 일을 하든 책을 꾸준히 읽어 두는 게 좋다고 말해 주는 겁니다. 그래야 어떤 분야에서든 주체적으로 행동할 지혜를 가져 인생의 밑그림을 그릴 수 있을 테니까요.

무엇보다 아직 직업에 대해 환상을 가지고 있는 초등학생에게는 부모의 세심한 관찰과 평소 주고받는 대화가 정말 중요합니다. 질문할 때도 정답을 정확히 들으려고 하지 말고, 아이가 자신과 세상을 조금이라도 더 돌아볼 수 있게 유도해야 하죠. 그러니 잘 대답하지 못하거나 부모 입장에서 이상한 답을 한다고 조바심을 내거나 아이를 윽박지르면 안 됩니다.

만약 자녀가 연예인이 되고 싶어 한다면 이런 질문을 해보면 어떨까요?

- 너는 연예인 ○○○의 어떤 모습이 좋니? 그 연예인은 왜 사람들에게 인기가 있을까?
- 만약 연예인이 된다면 어떤 삶을 살고 싶니?
- 연예인이 되고 싶은 목적이 무엇이니?
- 인기 연예인이 되려면 어느 정도의 재능과 실력, 그리고 노력이 필요할까?

- 연예인으로서 인기를 얻고 큰돈을 벌려면 얼마나 많은 돈과 시간이 필요할까? 그것을 어떻게 감당하면서 연예인 준비를 할 수 있을까?
- 아무리 노력한다 해도 메울 수 없는 부분도 있지 않을까?
- 연예인이 안 되더라도 돈을 많이 벌거나 인기를 끄는 방법이 있지 않을까?

직업을 그저 돈벌이로만 여기면 아이들의 장래희망은 건물주밖에 없을 것입니다. 하지만 인생은 돈이 다가 아니죠. 세상에 다양한 방식과 가치관이 있다는 것을 아이들에게 알려 주어야 합니다. 저는 컨설팅을 할 때 학생들에게 "이 세상에서 살아가는 사람들은 모두 연결되어 있다"고 말합니다. 아이들은 이미 가정, 학교, 공공기관, 의료기관, 마트, 온라인 등 다양한 공간에 둘러싸여 있고 많은 사람의 도움을 받으며 살아가고 있습니다. 이런 것을 알려 주고 아이들이 공동체에 어떻게 기여하고 싶은지 생각해 보게 해야 합니다. 사회에 기여하고 싶은 열망이 클수록 꿈이 커지면서 세계적인 인재가 될 가능성이 높아집니다.

이 같이 아이의 진로 인성 능력을 향상하기 위해서 〈세상을 바꾸는 시간 15분〉, 〈테드TED〉 같은 전문가의 강연 프로그램이나 도서관·지자체에서 주최하는 강연을 아이와 함께 들으며 소통하면 큰 도움이 됩니다. 또한 뉴스를 같이 보며 사회문제에 대해 이야기를 나누다 보면 아이의 배경지식이 확장되고 공감 능력도 향상되죠. 초등학생 때는 여행과 견학 등을 통해 견문을 넓히는 것도 좋습니다. 그저 갔다 오는 데 그치지 말고, 그곳에서 무엇을 발견하고 어떤 문제에 눈길이 갔는지, 또 앞으로 어떻게 준비하고 공부해야 할지 아이가 생각해 보게끔 해야 합니다. 그래야만 아이의 내면 세계를 확장시킬 수 있습니다. 이러한 방법들을 통해 인성과 진로라는 두 마리 토끼를 쉽게 잡을 수 있을 겁니다.

◆ 감사하는 태도와 긍정적인 말이 행복을 부른다

제가 만난 훗날 명문대에 진학한 학생들은 사는 지역, 학교 유형, 성격, 가정 형편 등 모든 게 달랐지만 한 가지 공통점이 있었습니다. 바로 관점과 언어가 상당히 '긍정적'이라는 것입니다. 반대로 아무리 챙겨 줘도 성적이 오르지 않던 학생들에게도 공통점이 있었죠. 바로 늘 '부정적'이었다는 겁니다. 이런 아이들은 치킨을 사줘도 "아, 덜 바삭하네"라고 말하고, 떡볶이를 사줘도 "다른 데가 더 맛있는데"라고 투덜댑니다.

이처럼 감사보다는 불평불만이 이미 몸에 배어 버린 아이들이 있습니다. 신기하게도 감사할 줄 아는 아이들은 도저히 그럴 상황이 아니어도 긍정적이고 유리하게 해석해 어떻게든 해냅니다. 반대로 불평불만만 늘어놓고 환경 탓만 하는 아이들은 어떻게 불리한 것들만 잘 찾아내는지 신기할 따름입니다. 안타깝게도 커갈수록 이런 사고방식이 계속 내면에 자리 잡게 됩니다. 형편이 어렵다면서 자꾸 세상 탓을 하다 보면 자기연민에 빠져 스스로를 궁지에 몰아넣고 자신이 할 수 있는 영역에서도 시도조차 하지 않죠. 하지만 스스로를 바꿀 수 있는 건 매일매일 성실하게 살아가는 것과 낙천적인 생각입니다.

따라서 초등학생 때부터 감사하는 태도와 낙천성을 갖추도록 부모는 굳게 마음먹고 지도해야 합니다. 불평불만 대신 관점을 달리해 긍정적으로 보고 감사하는 '긍정 정서'도 습관의 산물이기 때문입니다. 가정에서 긍정적이고 감사하는 태도를 길러 주는 방법은 다음과 같습니다.

첫째, 부모부터 의도적으로 긍정적인 말을 써 버릇해야 합니다. 신기하게도 학생과 학부모를 상담하다 보면 아이의 부정적인 말 습관이 아이의 부모와 너무나 똑같을 때가 많습니다. 아이의 말하는 습관은 거의 부모를 닮기 때문입니다. 부정적인 언어를 쓰는 학생들은 시험을 앞두고 "난 망했어" 같은 말을 아무렇지 않게 꺼냅니다. 사람의 말에는 엄청난 힘이 있습니다. 그래서 부정적인 생각이 들더라도 그것을 입 밖으로 내뱉어선 절대 안 됩니다. 우리의 뇌는 안타깝게도 부정적인 감정을 더 오래 기억합니다. 따라서 아이들은 부모가 부정적으로 말했을 때 그것을 거부하면서도 동시에 무의식중에 자신의 자아상으로 받아들이게 됩니다. 만약 아이에게 존중이 결여된 파괴적인 메시지를 반복해서 전달한다면 그 내용이 내면화되어 성인이 되어서도 힘 있게 작동합니다. 아이의 내면에는 무엇이든 될 수 있는 잠재력이 있습니다. 그리고 무언가를 이루어 낼 수 있는 시간과 기회가 충분히 있죠. 하지만 "난 안 될 거야" 같은 부정적인 말들이 내면에 계속 쌓인다면 아이는 살면서 내면의 파괴적인 목소리와 싸워야 합니다. 얼마나 괴로울까요?

둘째, 일상에서 겪는 스트레스나 실패에 유연하게 대처하도록 유도하면서 작은 것에도 감사하며 적극적으로 살아갈 수 있게 도와야 합니다. 이를 위해 추천하는 방법이 '감사 일기'나 '감사 편지' 쓰기입니다. 무척 쉬운 방법들이지만 꾸준히 못한다는 것이 흠이죠. 예를 들어 아이들이 다니는 학교에는 경비 아저씨, 급식실의 영양사와 조리사, 학교 환경미화원 등 선생님 외에도 편안한 학교생활을 돕는 사람이 많죠. 아이들에게 감사 편지로 이분들에 대한 고마움을 표현하게 한다면 아이들은 감사함과 겸손함을 갖출 수 있을 겁니다.

감사 일기의 효과는 이미 모두 알고 있죠. 많은 연구 결과에서도 감사 일기나 감사 편지 쓰기가 행복감에 중요하다는 것을 증명했습니다. 감사함을 생각하고 느끼고 경험하는 것이야말로 행복감을 실질적으로 높이며 일상에서 효율적으로 쉽게 할 수 있는 인성교육입니다. 감사 일기를 쓰면서 아이들은 주변을 관찰하고 시야가 점점 확장됩니다. 또한 인성뿐만 아니라 다양한 직업 세계에 대해 진로 공부도 덤으로 할 수 있습니다.

◆ 가정의 인성교육 시스템을 구축하는 골든타임

제가 교육 현장에서 직접 본 바에 따르면, 초등학생 때에 부모와 자녀 간의 친밀감을 잘 구축한 아이들은 비교적 사춘기를 잘 넘기는 것 같습니다. 그래서 더욱 초등학생 때 가정만의 지속 가능한 인성교육을 구축해 놔야 합니다. 가정마다 여건이 다르겠지만, 핵심은 부모와 자녀 모두에게 어렵지 않고 부담 없어야 한다는 것입니다. 서로의 친밀감을 증진시키는 것이 인성교육의 기본인 만큼, 부모와 자녀가 함께하는 시간을 늘리고 관심사를 공유하며 대화하는 것이 좋습니다. 또한 부모가 자녀의 감정에 공감하고 이해하는 것도 중요합니다.

무엇보다 가족이 다 함께 모여 노는 시간을 가져야 친밀해질 수 있습니다. 돈을 벌기 위해 애쓰듯이 좋은 추억을 만들기 위해서도 의도적으로 계획하고 노력해야 합니다. 추억에는 인생의 시련과 고난을 극복하게 하는 묘한 힘이 있죠. 거창한 추억을 쌓을 필요는 없습니다. 꾸준히 할 수 있는 우리 가정만의 창의적인 인성교육 방법을 찾는 게 좋습니다. 부모와 자녀에게 가장 쉽고 편한, 즉 '지속 가능한 인성교육'이 이뤄질 때 비로소 가정만의 생활방식을 만들어 갈 수 있습니다. 이에 대한 가장 손쉬운 방법이 바로 '밥상머리 교육'입니다. 실제로 동서양의 유명 가문들이나 성공한 사람들은 어린 시절 식사 시간에 예절을 지키고 이야기를 나누는 분위기에서 논리성과 창의성을 키웠다고 합니다. 그래서 밥상머리 교육이 그나마 가장 편하다고 생각하는 사람들은 일주일에 이틀 이상 꼭 가족이 함께 식사하면서 깊은 이야기를 나눈다고 하죠. 이것이 힘들다면 주말에 아이들과 브런치를 함께 만들어 나눠 먹는 것도 좋은 방법입니다. 초등 저학년이라 불을 사용하는 요리가 위험하다면 샌드위치나 주먹밥 등을 만들며 창의성도 키울 수 있겠죠.

'우리 집만의 불금'을 즐기는 방법도 있습니다. 부모가 회사에 가듯, 아이들도 학교에서 사회생활을 하다 보면 지치고 피곤하겠죠. 그래서 직장인이 금요일 저녁을 기다리며 버티듯, 아이들도 금요일을 기다립니다. 금요일 저녁마다 "이번 주도 고생했어"라고 운을 떼우며 일주일 동안 있었던 일에 대해 이야기를 나눠 보세요. 이를 통해 서로를 잘 이해할 수 있을 것입니다. 하루아침에 아이들과 원활하게 대화할 수는 없어요. 어이없는 질문을 하거나 말도 안 되는 논리를 펼치더라도 참을성 있게 아이들의 말을 들어주고 아이들이 알아들을 수 있게 답해 줘야 합니다.

부모와 자녀의 공통된 취미와 관심사를 통해서도 인성교육을 할 수 있습니다. 만약 운동이라면 테니스와 배드민턴 시합을 하거나 가족이 함께 단거리 마라톤에 참가하는 것도 좋죠. 영화를 좋아하는 가정이라면 함께 영화를 보며 등장인물의 심리를 파악하는 과정에서 바른 인성과 공감력 그리고 인문학적 감각을 키울 수 있습니다. 기부와 자선, 봉사활동을 부모와 자녀가 함께하는 것도 매우 좋습니다.

마지막으로 한번 더 강조하자면, 거창하게 큰돈과 시간을 들여야 하는 인성·진로교육은 오래 지속하기 어렵습니다. 아직 자녀가 초등학생일 때 행복하고 의미 있게 살아갈 수 있도록 생활방식을 만들어 두면 훗날 자녀에게 위대한 유산이 될 것입니다.

2

중학생
인성·진로교육 가이드

인생 대본을 형성하는 시기

자식을 다 키운 부모들에게 언제가 가장 힘들었냐고 물으면 대부분 자녀가 중학생일 때를 꼽습니다. 이유 없는 짜증과 불만, 근거 없는 자신감과 우월감으로 부모 입장에서는 어느 장단에 맞춰야 할지 쉽지 않기 때문이죠. 사춘기는 빠르면 초등학교 3학년 즈음부터 시작되지만, 초등학교 6학년부터 중학교 3학년 사이에 정점을 찍죠. 이때는 성별이나 개인적 성향과 상관없이 대다수 청소년이 몸과 마음의 거센 변화를 겪습니다.

그런데 우리는 왜 '중2병'이라고 하면서 중학생이 가장 힘들다고 여길까요? 2014년 8월 한국교육개발원에서 전국 1,184개 초·중·고등학교 학생 4만여 명을 대상으로 실시한 인성 수준 조사 결과 중학생이 꼴찌를 차지했습니다. 중학생은 자기 존중과 성실을 제외한 배려, 예의, 자기조절 등 여덟 개 덕목에서 최저점을 받았죠. 그렇다면 중학생의 인성 수준이 가장 낮은 이유는 무엇일까요? 먼저 급격한 신체 변화를 겪으면서 인지적·사회적으로 그전과 다른 발달 양상을 보이고 내면에서 많은 갈등과 고민을 겪는 시기이기 때문입니다. 또한 이 시기에는 자기 자신에 지나치게 빠져 자신만 옳다고 생각하고 자신과 타인을 균형 있게 볼 수 있는 객관화 능력은커녕 '균형 감각'도 없습니다. 즉 '자아 중심성'이 극도로 거센 시기죠. 왕성하게 성장하는 신체와 달리 충동 조절 기능이 상대적으로 느리게 발달하면 심할 경우 분노를 잘 조절하지 못해 학교폭력으로 이어질 수 있습니다.

그래서 중학교 시기가 정말 중요합니다. 초등학생 때 다소 부족하고 느렸어도, 사춘기인 청소년기에 가치관과 진로의 결을 어떻게 잡느냐에 따라 인생이 좌우될 수 있죠. 또한 학업에 대한 의지나 공부 요령, 기초를 튼튼히 하지 않으면 이후 고등학교, 대학교 과정까지 힘들어집니다. 고등학교에 진학한 후로는 입시가 코앞이라 자신을 깊이 성찰하고 천천히 호기심을 채우는 자기주도학습이 어려워지기 때문입니다.

중학교 시기는 이렇듯 질풍노도의 시기이지만, 한편으로는 가슴 뜨거운 열정에서 비롯된 삶의 목적을 세울 수 있는 귀한 시기이도 합니다. 4대 성인 중 한 명인 공자는 '열다섯 살에 배움에 뜻을 두었다(吾十有五而 志于學)'고 하죠. 공자뿐 아니라 많은 위인의 전기를 읽어 보면 중학생에 해당되는 나이에 인생의 비전과 방향을 결정했음을 알 수 있습니다. 즉 중학생 시기는 학업과 인생의 출발점을 결정 짓는 중요한 타이밍입니다.

그래서 중학생 인성교육은 무엇이 옳고 그른지 자녀 스스로 질문하고 생각하는 힘을 길러 주는 데서 출발해야 합니다. 그런 다음에 소통과 공감에 능통하도록 도와주면 됩니다. 특히 중학생 때는 '인생 대본'이 형성되는 시기입니다. 인생 대본이란 자신의 미래에 대해 방향을 잡고 어떤 태도로 살아가야 할지 예상해 보는 것입니다. 이때 자리 잡은 긍정적인 자기 인식과 건강한 가치관이 평생 가는 나의 무의식을 만듭니다.

중학생 자녀에게 보여야 할 부모의 바른 태도

청소년 아이들에게 알맞은 인성교육과 진로교육을 위해서는 먼저 뇌 발달을 알아야 합니다. 청소년기의 뇌 발달이 어떤 경로를 따라 이뤄졌는가가 그 사람의 나머지 삶에 결정적인 영향을 미칩니다. 한 사람의 인성이 이때 형성되기 때문이지요. 학교폭력과 왕따가 해로운 이유는 그 영향이 청소년 이후에 사라지는 게 아니라 피해자에게는 깊은 상흔과 후유증을 남기고 가해자에게는 폭력이 서서히 당연해지면서 그 습성대로 사회에 나가서도 남에게 폐를 끼칠 가능성이 높기 때문입니다.

우리의 뇌는 생명을 관장하는 뇌간(생명뇌), 감정을 다스리고 기억을 주관하는 변연계(감정뇌), 그리고 생각과 판단을 주관하는 대뇌피질(생각뇌)로 구성됩니다. 생명뇌인 뇌간은 태어날 때 이미 완성되어 있지만, 감정뇌인 변연계와 생각뇌인 대뇌피질의 발달은 상대적으로 늦게 이뤄집니다. 특히 변연계의 발달은 사춘기에 주로 이루어지며 사춘기가 끝나갈 즈음에 거의 완성됩니다. 그래서 사춘기의 아이들은 공포, 불안, 수치심, 죄책감 등 감정적 상처에 무척 예민하고 취약하죠. 어른 입장에서는 그냥 무시하면 그만인 것을 친구들의 사소한 말 한마디에도 큰 의미 부여를 하고 때로는 생각에 꼬리를 물며 집착합니다.

한편 생각뇌인 대뇌피질의 약 3분의 1을 차지하는 전두엽은 발달하는 데 시간이 가장 오래 걸립니다. 전두엽은 초등학교 4~5학년까지도 아직 완성되어 있지 않다가 청소년기에 대대적인 리모델링 작업을 합니다. 공사 중인 건물 안에 건축 자재들이 여기저기 널려 있듯, 사춘기의 뇌도 정돈되지 않은 채 정신 사납고 혼란스럽습니다. 그래서 중학생 아이들은 무언가를 분석하고 판단하는 일에 미숙하고 우선순위를 정하거나 계획을 세우는 일도 버거워합니다. 전두엽이 완전히 성숙하기까지 남자는 평균 28~30세, 여자는 평균 24~25세는 되어야 한다고 하죠.

다시 말해 청소년기 뇌는 '공사 중'입니다. 수많은 신경세포 중에 필요한 것만 남기고 쓰지 않는 것들은 잘라 내는 이른바 '가지치기' 중이죠. 시냅스(synapse, 신경과 신경 사이에 존재하는 접합부)의 가지치기에는 '쓰지 않으면 잃는다'는 원리가 적용됩니다. 즉 자주 사용하는 시냅스는 더욱 강화되고, 쓰지 않는 시냅스는 결국 사라지죠. 그래서 이 시기에는 스마트폰과 컴퓨터에 깊이 빠져드는 것을 경계하고 다양한 경험으로 뇌를 활성화하는 게 중요합니다. 스마트폰과 컴퓨터는 오직 청소년기에만 이뤄지는 뇌의 폭발적 성장에 악영향을 끼치기 때문입니다. 그러므로 이때부터는 타고난 머리보다는 '머리가 좋아지는 상태'를 만들고 유지하는 것이 관건입니다. 부모는 그러한 환경을 유지할 수 있게 도와주고, 집중과 몰입을 해야 할 때는 최대한 자율성을 허용하는 것이 좋습니다.

청소년기는 자립과 의존이 공존하는 묘한 시기입니다. 철없는 상태에서 갑자기 의지가 독립되었기 때문에 부모의 간섭이나 보호를 받는 것이 지겹게 느껴지고 점점 집 밖에서 새로운 것을 찾으려는 호기심에 빠지게 되죠. 이때는 부모의 중용, 즉 과하지 않은 균형이 정말 중요합니다. 만약 부모가 아이의 심리적 성장 단계나 학업과 교우관계에서의 스트레스에 대해 실감하지 못한 채 그저 아이가 변했다고 비난하거나 실망하면 더욱 위험해질 수 있습니다. 그런 일이 일어나면 자녀는 자기를 이해해 주고 긍정적으로 바라봐 주는 사람에게 의지하게 되고, 자기에게 조금만 관심을 보여도 쉽게 친해지며 심하면 그 사람에게 깊이 빠져 버리죠.

그래서 건강한 의존(어린 시기에는 '애착'이라는 말을 많이 사용)을 많이 누린 아이가 독립도 잘합니다. 이를 위해 부모는 자립할 수 있는 환경을 조성하고 정서적으로 지지하면서도 최대한 아이를 방목해야 합니다. 즉 부모에게 필요한 것은 균형 잡힌 태도인 중용입니다. 그러므로 부모도 아이에게 다 잘해 주려고 죽어라 애쓸 필요가 없습니다. 이 시기엔 차라리 '낄끼빠빠(낄 때 끼고 빠질 때 빠진다)'의 철학이 현실적으로 더 현명합니다.

◆ 잔소리 레벨을 조절하자

자녀가 초등학생일 때는 부모가 자녀의 생활에 직접 참여하고 도울 기회가 많았습니다. 어떨 때는 부모 숙제라고 할 정도로 아이 숙제를 같이 해주거나 준비물을 일일이 챙겨 주고 여러 체험활동을 직접적으로 부모가 주도할 수밖에 없었죠. 하지만 아이가 중학생이 되면 학습과 생활에 일일이 참견하고 간섭하기 어렵습니다.

초등학교와 달리 과목별 선생님의 특성을 파악하기도 어렵고, 점점 아이가 직접 판단하고 해나가야 할 것들이 늘어나니까요. 무엇보다 아이들이 먼저 부모의 참견을 거부합니다.

"내가 알아서 할 테니 그냥 좀 내버려 두세요!" 이 말이 나왔을 때 서운해하거나 화낼 필요가 전혀 없고 오히려 감사해야 합니다. 이럴 때는 스스로 결정하고 행동하고 싶어 하는 마음을 인정하고 존중하는 것이 가장 좋습니다. 즉 자녀 스스로 문제를 해결하고 공부할 수 있는 기회로 삼는 것이 서로에게 훨씬 유익합니다. 자녀가 어느 정도 스스로 해낼 수 있고 필요한 순간에만 부모의 도움을 받을 만큼 성장했다고 인정해 주세요.

이 시기에 부모는 자녀가 겪는 정서적 혼란에 대해 공감하고 이해하는 격려자인 동시에 상담자 역할을 하면 금상첨화입니다. 무엇보다 충동적 특성으로 인한 부적절하고 위험한 행동에 대해서는 규칙을 세우고 그에 따라 단호하게 한계를 지어야 합니다. 자녀에게 친밀감과 이해심을 보이면서 잘못된 행동에 대해서는 이성적으로 판단하고 정확히 표현하는 용기가 필요합니다. 이때 자녀가 문제를 제기하거나 때로는 비판할 수도 있습니다. 크게 와 닿지 않거나 궁금해서 그럴 가능성이 높은데, 이때 이러한 행동을 그저 부모에 대한 반항과 비난으로 받아들이지 않는 게 중요합니다.

무엇보다 잔소리를 많이 하는 부모 중에 최악은 '자신의 일은 뒤로 제쳐 두고, 아이가 잘못한 일만 끊임없이 반복해서 지적하는' 경우입니다. 그러면 아이는 스트레스의 근원인 가정과 부모로부터 점점 벗어나려 하고 겉돌게 됩니다. 결국 부모에게 마음을 털어놓지 못하고 점점 부모의 눈을 피해 나쁜 일을 하게 되죠. 억압된 스트레스를 다른 곳에 푸는 것입니다.

그래서 최소한의 기본 규칙과 생활습관은 지키게 하되 그 외의 일에는 점점 거리를 두는 게 좋습니다. 아이가 문제되는 행동을 했을 때 부모가 먼저 평정심을 찾은 다음 '문제가 될 큰일', '그럭저럭 넘어가도 될 일', '눈감아 주어도 될 일' 이렇게 구별해서 대응하는 게 현실적으로 좋습니다. 큰일과 작은 일을 구별하지 못하고 내버려 둬도 될 일까지 잔소리를 하면 나중에는 '잔소리 역치의 법칙'처럼 어떠한 말도 아이의 귀에 들리지 않습니다.

정리하자면 너무 강압적으로 아이를 억압하기보다 융통성 있게 타협하며 문제를 해결해 나가는 것이 좋습니다. 만약 정말 간섭해야 할 것 같은 일이 있다면 직접 해결해 주지 말고 문제 해결 '방법'을 안내하고 결과를 점검해 주는 것만으로도 충분합니다. 자녀 스스로 계획하고 점검하면서 실패감과 좌절감을 맛보는 게 좋습니다. 예를 들어 아이가 시험 계획을 잘 세우지 못할 때는 부모는 곁에서 도와줄 뿐 아이가 주도적으로 세우도록 해야 합니다. 부모가 잔소리꾼이 아닌 조력자가 된다면 아이도 불만 없이 부모의 방향으로 따를 것입니다.

비교를 더욱 하지 말아야 하는 이유

아이 안에 숨겨진 의욕과 성장을 불러일으키는 부모는 비교와 비난은 줄이고 칭찬을 연구합니다. 칭찬도 그냥 입에 발린 공허한 소리가 아니라 아이를 관찰하면서 어떻게 말해야 진정성 있으면서 효과적일지 고민하죠. 우리는 부모가 아이를 키울 때 저지르는 최악의 실수가 '비교'임을 알면서도 정말 많이 합니다.

저 또한 아이의 행동을 고치고 싶을 때 왜 그렇게 비교하는지 찬찬히 고민해 보다가, '즉각적인 효과가 나타날 것 같다는 착각' 때문임을 깨달았습니다. "누구누구는 자기 전에 책도 읽고 반찬도 골고루 먹는다는데…" 이렇게 말하면 어렸을 때야 아이도 영향을 받고 행동을 바꿔 보려 하겠죠. 하지만 아이가 성장하는 내내 이렇게 행동을 교정하려 한다면 제 자신이 점점 구차해질 것 같았습니다. 이처럼 많은 부모가 비교하는 이유는 자녀가 잘되었으면 하는데 방법은 모르겠고 마음은 조급하니, 아이를 빠르게 자극하고 동기부여를 할 수 있는 가장 편한 방법으로 비교를 선택하기 때문입니다.

하지만 비교만으로는 아이를 바꿀 수 없습니다. 입장 바꿔 생각해 보면 분명합니다. "엄마 친구 아들은 의대 합격했다고 하더라"라는 말에 아이가 '나도 열심히 해서 엄마 친구 아들처럼 꼭 성공할 거야!' 하는 생각을 가질까요? 화나 안 내면 다행입니다. 아니, 화라도 내면 감사한 일이고, 부모가 하도 저러면 청소년기 이후부터는 그냥 무시합니다. 따라서 아이의 동기부여를 위해서라면 차라리 괜찮은 강연이나 문화행사 스케줄을 파악해 함께 즐기고 맛있는 음식을 먹으면서 무엇을 깨달았는지 자연스럽게 대화를 나누는 것이 좋습니다. 그러면서 아이가 사고를 확장할 수 있는 질문을 던지는 것이죠. 기분이 좋아야 뭔가 해보고 싶은 도전 의식도 생기고 뇌도 활성화됩니다.

다시 자녀의 의욕과 성장을 불러일으키는 부모의 이야기를 하자면, 이러한 부모는 칭찬과 인정을 무기 삼아 아이의 열정에 마중물을 붓습니다. 즉 남과 비교하지 않고 1%라도 잘한 부분을 진심을 다해 칭찬하죠. 어느 누구든 마음먹은 대로 다 되지 않고, 선택한 일이 늘 좋은 결과를 가져오지도 않습니다. 하지만 그에 책임을 지고 실패를 배우는 긍정적인 자세로 그저 하루를 잘 지내다 보면 뜻밖에 큰 소득을 얻을 수도 있습니다. 이는 부모의 배려와 관심 그리고 지지가 있어야만 비로소 가능합니다. 어떤 일도 100% 잘해 낼 수 없고, 반대로 크게 실패했다고 해서 곧바로 매섭

게 평가내릴 수 없습니다. 99%의 실수와 잘못으로 겨우 1%만 잘했다 할지라도, 그 1%의 노력과 잘한 부분을 결코 무시해서는 안 됩니다. 1%를 칭찬하고 동기부여를 해야 서서히 실수가 줄어들어 언젠가는 성장할 수 있을 테니까요.

◆ 엄마는 멀리, 아빠는 가까이

중학생 이상부터의 인성교육과 진로교육을 위해서는 부모와 자녀 간에 의사소통이 막히지 않도록 대화 창구를 만드는 것이 대단히 중요합니다. 아무리 좋은 가르침과 지식이어도 그 밑바탕에는 원활한 의사소통이 있어야 하기 때문이죠.

원활한 의사소통은 평소에 어떻게 대화하느냐가 중요합니다. 가족회의를 정기적으로 열어서 대화의 장으로 활용하는 것도 좋습니다. 아이들이 마주하는 고민과 문제를 혼자서 끙끙 앓게 두지 말고, 가족과 함께 풀어 갈 수 있는 성장의 기회로 삼아 보세요. 이를 위해서 열린 가정이 되어야 하는데, 열린 가정은 엄마가 아닌 아빠로부터 시작됩니다. 권위적이다 못해 가정에 군림하려 하지 말고 '열린 아빠'가 되어야 합니다. 물론 무뚝뚝하고 투박한 성격인 아빠도 있겠지만 진정성은 금방 전해지죠.

'우리 아빠는 언제나 우리에게 열려 있어. 혼날 땐 혼내더라도 아빠한테 말하면 어떻게든 도와주실 거야.' 이렇게 비빌 언덕이 있는 아이들은 '정서적 금수저'를 지닌 것처럼 마음이 안정되고 평안합니다. 열린 아빠라는 존재 자체가 사춘기 자녀의 마음의 문을 여는 열쇠가 되고 든든한 아군이 됩니다. 만약 아빠가 엄격한 교관처럼 공감 없이 중학생 아이의 반항을 힘으로만 제압하려 들면, 즉 이미 반항적인 사춘기의 중학생에게 체벌 같은 강압적인 방법까지 사용하면 자녀들은 엉뚱한 돌파구를 찾습니다. 자기 자신에게 원인이 있음에도 부모님이 권위적이고 억압한다면서 반항을 합리화하는 것이죠.

따라서 자녀가 중학생일 때부터는 부모가 나서서 문제를 해결하려 하지 말고, 자녀와 대화를 통해 함께 해결해 나가야 합니다. 제가 봤을 때 정말 존경스러운 부모는 아이에게 돈을 많이 들이는 부모가 아닌 사춘기 아이들을 있는 그대로 인정하고 아이의 이야기를 경청하며 공감하는 부모였습니다. 머리로는 알아도 실제로 경청하고 공감하며 소통하는 게 쉽지 않으니까요.

이제 '엄마의 정보력, 아빠의 무관심, 할아버지의 경제력'이라는 말은 옛말이 되어 버렸죠. 요즘에는 자녀교육에 관심이 많은 아빠들이 크게 늘었고, 주로 엄마들이 오던 학부모 연수에 아빠들도 많이 참석하고 있습니다. 아빠가 자녀와의 소통에 노력하고 자녀교육에 관심을 두며 적극적으로 참여하면 좋은 점이 많습니다. 특히 자녀의 진로 역량 향상에 큰 시너지 효과를 내죠. 그중 몇 가지 예를 들자면, 아빠가 사회생활을 하면서 겪는 현실적인 이야기를 들려주면 아이들의 시야를 넓힐 수 있습니다. 특히 일을 하며 세상이 크게 변화하고 있음을 실감하는 아빠들은 더욱 적극적으로 자녀의 앞날을 고민하고 자녀가 공부가 아닌 방법으로도 어떻게 먹고살 수 있을지 깊이 알아보기도 합니다.

무엇보다 자녀가 사춘기에 들어섰을 때, 엄마는 갱년기로 몸과 마음이 힘겨운 시기를 보내는 경우가 많습니다. 갱년기의 엄마와 사춘기의 자녀가 깊이 갈등할 때 아빠가 적극적으로 중재하면서 그 둘을 품고 나서야 합니다. 갱년기와 사춘기가 충돌하니 집안이 얼마나 살벌할까요? 실제로 '아내와 아이가 매일 전쟁을 벌여서 사이가 더 나빠지기 전에 직접 나섰다'라며 도움을 요청하는 아빠가 참 많습니다. 저는 이것이 청소년기 자녀를 둔 가정에서 가장 합리적이고 바람직한 방법이라고 생각합니다. 엄마들 중에는 '헬리콥터 맘(헬리콥터처럼 주변을 맴돌며 자녀가 성인이 되어서까지 지나치게 간섭하는 엄마)'처럼 자녀에게 과하게 집착하는 경우가 있는데, 이럴 때는 차라리 엄마는 조금 더 멀어지고 아빠는 조금 더 가까워지는 게 훨씬 좋습니다.

자녀교육을 엄마가 도맡아서 해야 한다는 건 옛날 방식입니다.

자녀교육에 성공한 가정은 대부분 아빠가 자녀에게 친밀하게 다가가서 삶의 지혜를 전수했습니다. 따라서 이제는 무관심한 아빠야말로 가장 무능력한 교육자가 될 수 있음을 명심해야 합니다.

◆ 자기주도성을 방해하는 시간 관리 문제

중학교 1학년은 자유학기제 또는 자유학년제를 시행합니다(지역과 학교 재량 선택으로, 2025년부터는 자유학기제만 시행 예정). 학생들은 한 학기 또는 두 학기 동안 '경쟁'과 '주입식 공부' 중심에서 벗어나 자신의 '꿈'과 '끼'를 찾는 다양한 활동에 집중하게 되는 것이죠. 자유학기제든 자유학년제든 가장 중요한 핵심은 바로 '자율'입니다. 문제는 이 귀한 시간을 그저 노는 때라고 인식하여 시간 관리에 실패해 흐트러지는 학생이 많다는 것입니다. 저는 자기주도성을 발휘하지 못하는 학생들을 종종 만나는데, 이러한 학생들 대다수는 시간 관리에서 허점이 여실히 드러났습니다. 특히 중학생들 중에는 시간 관리에 대한 기본자세와 원칙조차 모르는 경우가 많았습니다. 물론 앞서 살펴본 바에 따라 전두엽이 자라는 중이니 아이는 그렇다고 넘어가더라도, 부모는 아이가 성장할 수 있게 기회를 제공해야 합니다.

허술한 시간 관리의 주요 문제는 다음과 같습니다. 첫 번째 문제는 하루를 아무 계획 없이 시작합니다. 전날 밤늦게까지 침대에 누워 스마트폰을 하다가 늦게 잠들면 아침에 일어나도 개운하지가 않고, 늦잠을 자면 지각하지 않으려 허겁지겁 학교에 가기 바쁩니다. 학교에서도 차분하게 하루를 시작하기는커녕 밀린 과제나 친구들과 못 다한 이야기를 하느라 부산스럽습니다. 이렇게 정신 없이 하루를 시작하며 학교와 학원을 다녀오고 나면 다시 스마트폰을 하며 늦게 잠들기 일쑤죠. 이러면 오늘은 어떻게 보냈는지에 대해 아무런 감상 없이 하루하루가 사라집니다.

무엇보다 아무 계획 없이 하루하루를 보내다 보면 '질적 시간'과 '양적 시간'에 대한 감각이 사라집니다. 우선 머리가 잘 돌아가고 컨디션이 좋을 때 플래너를 쓰면서 해야 할 일에 대해 차분하게 생각을 정리해 보는 것이 좋습니다. 또한 집중이 잘되는 시간과 공간에서 주요 과목이나 집중력이 더욱 필요한 과목을 공부해야 합니다. 1시간 공부하더라도 질적으로 좋은 시간에 하는 것과 밤늦게 졸면서 하는 공부는 효율 측면에서 큰 차이가 납니다. 그런데 많은 학생이 학교와 학원에서 온종일 수업을 듣는 것만으로도 양적으로 많이 공부하고 하루를 열심히 보냈다고 착각합니다.

두 번째 문제는 우선순위에 따라 선택하고 집중한다는 개념이 없습니다. 중학교 때부터 하루에 해야 할 일이 점점 늘어나죠. 수업을 듣고 공부하는 것은 기본이고, 학교와 학원 숙제도 해야 하고, 동아리 활동과 학교 행사 그리고 여러 수행평가가 있습니다. 또 친구들과 놀면서 우정도 쌓아야 하고 온라인상의 사회 참여이자 인간관계 활동인 SNS도 해야 합니다. 그런데 이렇듯 여러 가지 일에 둘러싸여 있으면서도 무엇을 먼저 해야 할지 우선순위를 생각하는 학생은 무척 드뭅니다. 일단 미루거나 아예 잊어버리다가 기간이 다가오면 급한 불부터 끄고 보자는 식으로 중·고등학교 내내 그렇게 학교생활을 하는 경우가 많죠. 가령 국어 시간에 영어 과제를 하거나 수행평가도 마감일이 임박하면 대충 베껴서 제출합니다.

학교를 다니는 학생에게 가장 중요한 우선순위는 수업을 듣는 것입니다. 수업 시간에 집중하지 않거나 딴짓을 하면 효율성이 떨어집니다. 또한 매번 당장 급한 일부터 넘기고 보자는 식으로 쫓기듯 학교생활을 하면 스트레스도 더 많이 받죠.

세 번째 문제는 귀한 시간을 허비하게 됩니다. 아이들은 스마트폰을 하고 친구들과 노는 것으로 시간을 수돗물 흘려보내듯 펑펑 씁니다. 이 시기에는 교우관계가 중요하고 예민하기에 친구가 많은 아이들 중에는 방과 후에 친구들에게 끌려다니다 해야 할 일을 놓치는 경우도 있습니다. 사실 이건 목표와 계획을 세우지 않아서 시간이 많은데도 무엇을 어떻게 해야 할지 몰라 발생하는 시간 낭비입니다. 중학생이어도 자신만의 기준과 원칙이 있다면 친구의 요청을 용기 내어 거절하고, 시간 관리를 제대로 할 수 있습니다.

ACT 활동으로 인성과 실력을 키우자

중학교 1학년에 진행하는 자유학기제나 자유학년제는 진로 지능과 자기주도학습의 기본기를 차곡차곡 다질 수 있는 가장 중요한 시기입니다. 초등학생 시절과 다르게 부쩍 자란 아이의 내면은 이 '자율의 시간'을 얼마나 존중받고 알차게 보내느냐에 따라 앞으로가 달라집니다. 따라서 그저 노는 학기라고 가볍게 여기지 말고 부모 먼저 이 제도의 중요성을 제대로 인식해야 자녀의 성공적인 중·고등학교 생활의 첫 단추를 채울 수 있습니다.

자전거를 탈 때 우리는 앞바퀴로 '방향'을 정하고 뒷바퀴로 '동력'을 넣으면서 '속도'를 조절하며 나아가죠. 자전거로 비유하자면 자녀의 중·고등학교 시기는 앞바퀴가 '진로 지능'이 되고 뒷바퀴가 '자기주도학습능력'이 됩니다. 그리고 이 두 바퀴가 조화를 이루어야 성공적으로 나아갈 수 있죠. 이 시기에 자기성찰을 통해 진로를 구체적으로 탐색하고 자기주도학습 습관을 만든다면, 활기차게 자신의 삶을 주도하는 능력자로 자라날 것입니다.

뒷바퀴

추진력, 동력
= 자기주도학습능력

앞바퀴

방향 설정
= 진로 지능

앞서 언급한 대로 이제 우리나라뿐 아니라 전 세계 국가들은 미래 인재를 창의 융합형 인재로 정의하고 있습니다. 창의 융합형 인재는 '인문학적 상상력과 과학기술 창조력을 갖추고, 바른 인성을 겸비하여 새로운 지식을 창조하며, 다양한 지식을 융합하여 새로운 가치를 창출할 수 있는 사람'입니다. 그렇다면 창의 융합형 인재가 되려면 어떻게 공부해야 좋을까요? 먼저 상대적으로 시간이 여유로운 중학교 1학년을 헛되이 보내면 안 됩니다. 지적 호기심을 가지고 능동적인 공부를 할 수 있게 지도해야 합니다. 단순히 시험을 위한 공부가 아닌 사고력을 키우는 공부 말이죠. 이때 관심 분야에 집중해 특정 이슈를 공부할 수 있습니다. 드라마에 관심 있는 학생이라면 드라마와 사회를 비교하는 공부를 할 수도 있고, 스마트폰에 관심 있는 학생은 직접 애플리케이션을 개발하는 활동을 할 수도 있습니다. 또한 흥미에 맞는 창의적 체험 활동으로 봉사활동을 선택해 인성 그릇도 넓힐 수 있게 해야 합니다. 다음은 상대적으로 시간적 여유가 있는 중학교 1학년 때 할 수 있는 ACT 공부법입니다.

ACT 활동 예시

• **ACT 호기심**
끊임없이 관찰하고 적극적으로 질문한다. 그저 듣기만 하지 말고 "왜 그럴까?", "어떻게 해야 하지?", "만약 그렇다면 어떻게 될까?" 등 질문을 하며 호기심을 갖는다. 궁금한 부분이 생기면 인터넷에 검색하거나 도서관에서 관련 책을 찾아보는 등 직접 답을 찾는다. 전문가에게 이메일로 물어보거나 직접 견학하는 방법도 있다.

• **ACT 탐구**
누군가의 요약정리나 문제 풀이만 보며 주입식으로 공부하지 않고, 노트에 필기하거나 직접 실험해 보는 등 스스로 개념을 이해하고 융합 및 편집을 할 수 있게 훈련한다.

• **ACT 디자인**
아이디어 실현을 귀찮아하거나 두려워하며 나중으로 미루지 말고 시를 배웠으면 직접 시를 지어 보거나, 과학을 배웠으면 나만의 실험을 하고, 사회를 배웠으면 그 현상에 대하여 자신만의 시각을 덧붙여 글을 써보는 등 콘텐츠를 내놓는다. 이렇듯 콘텐츠를 기획하고 만들어 내는 과정에서 자신의 아이디어를 사람들에게 나누는 '공유'라는 가치 있는 행위를 하게 된다. 이를 통해 세상에 공헌하고 기여할 수 있다.

*ACT(American College Test): SAT와 더불어 미국 대학입학자격시험 중 하나. 영어, 수학, 독해, 과학 등 4개 영역으로 구성됨.

◆ 열정과 태도의 조화를 유도하자

가끔 중학생 자녀가 고등학생처럼 진로를 확정했으면 좋겠다는 부모들의 연락이 종종 옵니다. 교육과 입시 정보에 민감한 학부모들은 그래야 고교 입시부터 대학 입시까지 안정적으로 성공할 수 있다고 여기기 때문입니다. 반면에 자녀가 고3인데도 여전히 자녀에 대해 현실감각이 떨어지는 학부모들도 있습니다.

세계적인 심리학자 도널드 슈퍼Donald E. Super의 진로 발달 단계 모형에 따르면 4~14세는 진로 발달의 첫 단계인 '성장기'로서 자아 개념이 발달하는 시기입니다. 이 성장기는 내면의 욕구와 환상이 주로 나타나는 '환상기'(초등학교 4학년까지)와 흥미와 적성이 형성되는 '흥미기'(중학교 1~2학년)로 나뉘죠. 이후 자신의 욕구와 흥미, 능력, 가치관 등을 고려하여 잠정적으로 진로를 선택하는 '잠정기'(중학교 2, 3학년~고등학교 2학년), 직업 세계에 필요한 실무지식과 직무교육을 받으며 구체적으로 자신의 역량을 어디서 발휘할지 취업 등을 준비하는 '전환기'(고등학교 2, 3학년~대학교)를 거치게 됩니다. 즉 슈퍼의 이론에 따르면 구체적인 진로 탐색은 중학교 1~2학년 때 시작해야 하고, 늦어도 잠정기인 고등학교 2학년까지는 자기탐색을 어느 정도 이룬 상태에서 나름대로 진로를 구체적으로 설계해야 합니다.

따라서 교과목 공부 외에 많은 경험과 더불어 대화와 상담, 즉 코칭을 통해 진로 탐색의 중요성을 깨닫게 하여 '진로성숙도'를 높여야 합니다. 진로성숙도는 성장에 따라 자신의 진로를 구체적으로 표현할 수 있는 능력을 말합니다. 초등학생 때는 과학자가 꿈이라고 말해도 괜찮습니다. 하지만 고등학생이 되어도 여전히 과학자라고만 말하면 문제입니다. 진로성숙도가 굉장히 낮은 상태이니까요. 이때는 "플라스틱과 비닐을 완전 분해할 수 있는 제품을 만드는 화학공학자가 되고 싶으며 어느 대학 어느 학과를 가고 싶다" 이렇게 말해야 진로성숙도가 높은 것입니다.

제가 실제로 학생들을 만나 보면 개인마다 진로성숙도의 차이가 컸습니다. 진로성숙도가 높은 아이는 진로 방향 설정과 결정에 대해 자신하는 편입니다. 자녀의 진로 결정에 관한 부모의 의견도 꽤 일치하는 편이고요. 또한 진로와 관련된 직업을 얻으려면 어떤 과정을 거쳐야 하는지 다른 사람의 의견을 잘 받아들입니다.

제가 진로 코칭을 하는 아이들 중에는 생명공학에 관련된 꿈을 가진 학생이 정말 많습니다. 그런데 진로 코칭을 하다 보면 그 꿈을 이룰 가능성이 보이는 학생과 그렇지 않은 학생이 확연히 드러나죠. "유전자 가위 크리스퍼에 대해서는 어떻게 생각하니?" 하고 제가 물었을 때 대답을 잘하는 학생이 있는가 하면, 그게 뭔지도 모르는 학생도 있습니다. 생명공학자가 장래희망이라면 관련 분야 기술이 어디까지 발전했는지 꼭 찾아보게 마련입니다. 동기부여와 호기심은 같이 가니까요. 스마트폰으로 찾아보면 몇 분이면 충분하지만 그러지 않는 건 '관심 있는 것에 대한 태도'가 문제입니다. 만약 그 학생에게 좋아하는 아이돌이나 다른 관심사에 대해 이것저것 물어보면 술술 대답이 나올지도 모릅니다.

자녀가 자신의 꿈에 대해 아무런 정보도 갖고 있지 않다면 간절히 이루고 싶은 꿈이 아닐 수도 있습니다. 정말 간절한 꿈이라면 이미 충분히 알아보고 자세한 계획까지 세워 놨을 테죠. 이를 통해 꿈에 대한 열정을 보여 줄 수 있기 때문입니다. 자녀가 꾸준히 동기부여를 얻게 해주고 싶다면 독서와 영화, 다큐멘터리, 강연 프로그램, 또는 캠프와 박람회까지 챙길 수 있게 도와줘야 합니다.

◆ 긍정적 중독에 빠지게 하자

학생들의 자기주도성과 시간 관리를 방해하는 최대의 적은 단연코 스마트폰입니다. 아이들에게 왜 스마트폰만 들여다보냐 물어보면 "할 일이 없어서", "다른 재미있는 것이 없어서"라고 대답합니다. 그렇다면 우리 아이들이 스마트폰과 컴퓨터 게임 등 디지털 미디어에 빠지는 더 구체적인 이유는 무엇일까요?

먼저 스마트폰은 인간의 근본적 욕구에 호소하면서 아직 충동 조절 능력이 부족한 청소년들의 마음과 행동을 통제하고 있습니다. 문제는 그것이 부정적인 방향으로 흘러갈 수 있다는 것입니다. 우선 남학생들은 대체로 게임을 통해 레벨을 높여 성취감과 쾌감을 계속 얻으려 하고, 현실의 불만을 게임이라는 가상공간에서 폭력으로 표출하기도 합니다. 가상 캐릭터를 통해 대리만족을 얻으려고도 하죠. 반면에 SNS를 많이 하는 여학생들은 열등감과 우울감이 더 커졌다는 연구 결과도 나와 있습니다.

모든 부모는 '스마트폰이나 게임에 빠진 것처럼 공부도 열심히 하면 얼마나 좋을까?' 하고 간절히 바랄 것입니다. 스마트폰과 게임은 중독성이 강합니다. 하지만 사람은 나쁜 것에만 중독되지 않습니다. 스포츠, 독서, 음악, 외국어, 영화 등 중독되는 분야는 다양하죠. 활자를 안 보고 있으면 마음이 불안해지는 활자 중독자도 있습니다. 이런 사람들은 책과 잡지, 신문 등을 꾸준히 읽습니다. 미국의 정신과 의사인 윌리엄 글래서William Glasser는 이것을 '긍정적 중독'이라 말합니다. 긍정적 중독에 빠지는 원리는 다음과 같습니다. 자녀가 긍정적 중독에 빠질 수 있게 돕고 싶다면 잘 활용해 보세요.

• 첫째, 남과 경쟁하는 일은 긍정적 중독에 빠지기 어렵다. 혼자서 즐겁게 1시간 정도 할 수 있는 일이 좋다.

- 둘째, 정신적 압박과 부담을 크게 느끼지 않는 일이어야 한다.
- 셋째, 조금 어려워도 다른 사람의 도움이 필요 없는 것이어야 한다.
- 넷째, 스스로 가치 있다고 느끼는 활동이어야 한다.
- 다섯째, 향상되었음을 자신이 직접 느낄 수 있는 것이어야 한다.
- 여섯째, 못했다고 해도 부정적인 감정과 죄책감이 들지 않는 활동이어야 한다.

이런 긍정적 중독은 어떤 대상에 몰입하여 성취감을 맛보게 함으로써 더 나은 성장으로 이끕니다. 아이 스스로 이런 대상을 곧바로 찾기는 힘들 테니 부모가 아이의 흥미에 기초하여 긍정적 중독 대상을 잘 배치해 주는 게 좋습니다.

"우리 아이는 게임 말고는 도무지 집중하는 게 없어요." 아들을 둔 부모 대부분이 저에게 하는 이야기입니다. 학부모 중에는 자녀가 좋아하는 것이 소모적이고 쓸모없다고 생각하는 사람이 많습니다. 그러나 게임이든, 애니메이션이든, 영화든, 음악이든 간에 자녀가 좋아하는 것이 하나라도 있다면 어딘가에 몰입할 수 있는 열정이 자녀의 내면에 있다는 사실은 일단 인정해 줘야 합니다.

제가 아는 어느 학생은 일본 애니메이션을 광적으로 좋아했습니다. 그래서 그 꿈을 어떻게 확장할까 했더니 맨 처음에는 일어일문학과에 가서 일본어를 전공하겠다더군요. 애니메이션을 보면서 일본어를 제법 익혔기 때문입니다. 하지만 제가 일어일문학과는 일본어 회화보다는 일본 문학을 집중적으로 연구하는 곳이라 말하니, 아이는 자신의 성향과 맞지 않는다면서 나중에는 성우를 하겠다고 말했습니다. 하지만 성우 되는 법을 찾아보다 자신은 성우로서 재능을 타고나지 않아 어려울 것 같고, 애니메이터 또한 그림 실력이 좋지 않아 힘들 것 같다고 했습니다. 일본어에 능통하면서 일본 애니메이션에 관심이 굉장히 많은 이 아이에게 저는 문화콘텐츠, 멀티미디어, 가상현실, 증강현실에 대해 이야기해 주었습니다. 진로의 폭을 애니메이션 이상으로 확장해 준 것이었죠.

게임을 좋아하는 또 다른 아이에게는 마인크래프트를 만든 마르쿠스 페르손Markus Persson, 알파고를 만든 데미스 하사비스Demis Hassabis에 대해 이야기해 주었습니다. 이 두 사람은 우리의 상상 이상으로 게임을 즐겨 했던 게임 덕후였습니다. 그런 다음에 '소프트웨어 특기자 전형'에 대하여 알려 주었더니 아이는 그때부터 소프트웨어 개발에 관심을 가지기 시작했습니다. 단순한 소비자가 아닌 창작자로서 생각의 폭을 확장해 준 것이죠. 이처럼 뭔가 좋아하는 것이 있고 그것에 몰입해 본 적 있는 사람이라면 다른 곳으로 몰입의 방향을 돌리는 건 그리 어렵지 않습니다. 열정의 방향을 돌릴 수 있게 확장시키면 되죠. 게임 또는 TV 프로그램이나 영화를 좋아하는 아이를 둔 부모라면 다음과 같은 질문을 던질 수 있을 겁니다.

- 이 게임은 어느 회사의 누가 어떻게 개발했을까?
- 이 게임의 스토리는 어디서 영감을 받았고, 이를 실현하기 위해 어떤 기술을 사용했을까?
- 만약 내가 다시 이 게임을 개발한다면 무엇을 더하고 빼서 어떻게 바꿀까?
- 현재 즐겨 보는 예능프로그램이나 드라마를 변형한다면 스토리나 구성을 어떻게 바꿀까?
- 그 프로그램에 나오는 연예인이나 등장인물을 하나하나 이유를 들어서 가상 캐스팅으로 바꿔 볼까?

이런 질문을 하면 아이는 부모에게 자신의 흥미와 취향을 존중받고 있다고 느끼고, 또한 사고도 확장할 수 있습니다.

진로 탐색의 마스터키, 직업 가치관

'밀림의 성자'로 불리는 슈바이처 박사는 아프리카에서 반평생 의료 봉사를 하며 환자 진료에 전념했습니다. 의사이자 음악가이며 선교사로서 가난과 아픔이 있는 곳, 세상 어느 누구도 거들떠보지 않는 소외받는 곳에서 그들의 친구가 되어 주었죠. 1952년 노벨

평화상을 수상하며 받은 상금도 한센병 환자들을 위한 마을을 세우는 데 썼다고 합니다.

슈바이처는 서른 번째 생일날 아프리카에 일생을 바치기로 결심하고 이곳에서 봉사하려면 먼저 의사가 되어야겠다고 생각합니다. 그리고 그때부터 의학 공부를 시작합니다. 목적을 세우고 그에 맞는 직업을 고른 것이지요.

슈바이처가 남을 돌아보며 살아야겠다고 결심한 데는 어린 시절 겪었던 일이 큰 계기가 되었습니다. 어느 날 덩치 큰 친구가 슈바이처에게 시비를 걸어 싸움이 붙었는데, 의외로 덩치 큰 친구는 슈바이처가 밀자 땅바닥에 쓰러지고 말았답니다. 여세를 몰아 슈바이처가 친구를 주먹으로 치려는 순간 그 덩치 큰 친구가 설움에 북받쳐 이렇게 외쳤습니다. "야! 나도 너처럼 고기만 먹고 살면 너 따위는 그냥 이겨!"

이 말을 들은 슈바이처는 충격을 받았고, 동시에 가난한 그 친구에게 너무나 미안했습니다. 그때부터 자신이 누리는 것들은 당연한 게 아니라 감사한 것이고, 가난한 사람을 위해 살아야겠다고 마음먹고 검소한 생활을 시작했죠. 그리고 이후에 의사가 되어 인류에 봉사하기로 뜻을 세운 것입니다.

이렇듯 '삶에서 무엇을 가장 중요하게 생각하는가' 하는 것을 '가치관'이라고 합니다. 좀 더 자세히 설명하자면 가치관이란 자기 자신을 포함해 세상의 여러 가지 일과 대상을 바라보는 태도 및 생각의 틀을 말합니다. 사람은 결정적인 순간 무엇을 선택하고 행동할 때 자신의 가치관에 따른답니다. 이것이 진로 선택이나 직업 결정에 영향을 미치면 이를 '직업 가치관'이라고 하죠. 직업 가치관은 직업 및 그에 수반한 여러 가지 사상에 대하여 개인이 지니고 있는 전반적인 태도를 말합니다.

직업에 대한 가치는 크게 둘로 나눌 수 있습니다. 자기실현을 중요시하는 '내재적 가치'와 외부 세계에서의 보상을 통해 인정받고자 하는 '외재적 가치'입니다. 내재적 가치는 내재적 동기에서 출발하는데, 삶 속에서 의미를 찾고 이해하고자 하는 욕구, 환경을 통제하고 능력을 발휘하고자 하는 욕구, 타인과 정서적으로 친밀한 관계를 이어 가려는 욕구들이 포함되죠. 외재적 가치는 물질적이고 계량 가능한 외재적 동기에서 출발하는데, 외재적 동기에는 급여나 보수, 상벌, 사회적 지위, 근무 조건들이 포함됩니다.

인정받는 게 중요한 사람이라면 많은 사람에게 주목받으면서 자신의 능력과 성취를 충분히 인정받을 수 있는 직업을 선택할 것입니다. 그 외에 안정적인 직업을 원하거나 창의적이고 새로운 것에 성과를 냈을 때 성취감을 느끼는 사람도 있겠죠. 또 사회와 공동체가 중요한 사람은 시간을 내어 봉사활동을 할 것입니다. 즉 많은 사람은 자신의 가치관에 따라 직업을 선택합니다. 따라서 청소년기에 자신의 직업 가치관을 파악하는 것은 진로 설계와 직업 선택에서 아주 중요합니다.

직업 가치관은 외재적·내재적으로 조화를 이루고 있어야 합니다. 만약 내재적 가치가 덜 형성되어 있으면 외부 요인에 쉽게 흔들리고 일할 때 만족도가 떨어집니다. 이는 마음의 방황을 가져와 업무에 나쁜 영향을 미칠 수 있죠. 결국 만족도가 너무 떨어져서 일을 그만두고 말 겁니다. 그래서 현실적으로 잘 조화되어야 하죠.

아이의 만족과 보상 욕구를 존중하자

잘하는 것과 좋아하는 것을 발견한 후에도 학생들이 구체적인 진로 선정을 어려워하는 것은 가치관이 제대로 형성되지 않았기 때문입니다. 직업 선택은 가치관에 따라 달라집니다. 요즘 아이들의 장래희망 선택 기준은 주로 '돈'입니다. 한국보건사회연구원과 서울대학교 사회복지연구소가 공동으로 수행한 〈2022년 한국복지패널 기초분석 보고서〉에 따르면, 초등학생 장래희망 직업 1위는 의사, 2위는 교사로 2010년부터 2022년까지 12년 연속으로 동일했습니다. 의사는 전문직으로 고소득을 올릴 수 있고, 교사 또한 안정적이면서 사회적 지위가 높은 편이기에 초등학생들에게 인기가 많은 직업이죠. 그다음으로는 경찰과 연예인인데 역시 안정적인 소득 또는 고소득과 인기 등이 주된 직업 가치관으로 자리 잡은 것을 볼 수 있습니다.

사람들은 단순히 먹고살기 위한 수단으로만 일을 떠올리지 않습니다. 일을 통해서 보람을 얻고 자아 실현을 할 수 있었으면 하죠. 일에는 각자 추구하는 중요한 것이 담겨 있습니다. 바로 가치관입니다. 가치관은 결정적인 순간에 어떤 선택을 할지 좌지우지하는 '핸들'과 같습니다. 그리고 그 선택이 쌓여 인생이 결정되죠. '돈과 욕망에만 반응했을 때 내 인생은 어떻게 바뀔까'를 생각해보면 가치관이 중요하다는 것을 실감할 수 있을 겁니다.

가치관이 중요한 또 다른 이유는 '직업 만족도'와 연관되기 때문입니다. 대표적인 외재적 가치인 돈 말고도 사람마다 원하는 만족과 보상의 가치가 다릅니다.

"이 일은 뭔가 나하고 안 맞아." 이 말을 자세히 살피면 '내가 추구하는 가치를 보상받을 수 있나?'를 담고 있습니다. 자신이 생각하는 '가치 있는 일'이 아니기 때문에 갈등하고 있는 것이죠. 가치관에 맞는 보상이 잘 채워져야 자신의 진로에 대해 만족할 수 있습니다. 실제로 진로 선택에 있어서 가치관이 흥미보다 더 중요한 변수로 작용합니다.

대개 진로성숙도가 높을수록 외재적 가치보다 내재적 가치에 따라 진로를 선택하는 경향이 있습니다. 하지만 가치관은 절대적으로 옳고 그름의 영역이 아닙니다. 따라서 부모는 자녀가 살아가면서 무엇이 더 소중한지 깨닫도록 도울 뿐, 잔소리나 훈계를 해서는 안 됩니다. 내가 어디에서 만족을 느끼는지는 나만 알기 때문이죠. 다른 가능성을 차단하고 부모의 생각만 정답이라고 강요한다면 우리 아이들은 평생 다른 길은 생각해 보지 못합니다. 그래서 중요한 것은 자기성찰을 통해 무언가를 선택할 수 있는 능력입니다. 이를 어릴 때부터 키울 수 있도록 기회를 주어야 합니다.

직업 가치관과 생활 태도 알아보기

1. '직업 가치관 검사'는 직업 선택 시 중요하게 생각하는 직업 가치관을 측정하여 자신의 직업 가치를 확인하고 그에 적합한 직업 분야를 안내해 주는 검사입니다.
   직업 가치관의 범위는 성취/봉사/개별 활동/직업 안정/변화 지향/심신의 여유/영향력 발휘/지식 추구/애국/자율성/금전적 보상/인성/실내 활동 등입니다. 이 검사를 통해 자녀의 직업에 대한 가치관을 알 수 있습니다. 워크넷(www.work.go.kr)에서 무료로 검사할 수 있습니다.

2. 다음은 '만족과 보상'에 대한 가치관을 구체적으로 확인할 수 있는 문항입니다. 서울특별시교육연구정보원의 창의적 체험 활동에서 진로 활동 자료로 다음과 같은 검사지를 사용할 수 있습니다.

★ 각 번호의 두 항목을 비교해 자신에게 더 적합하다고 생각되는 것에 표시하세요.

	직업 선택의 중요도	✓
1	보람을 얻는 것보다는 보수를 많이 받는 것	
	보수를 많이 받는 것보다는 보람을 얻는 것	
2	명예와 존경보다 권력과 지위를 얻는 것	
	권력과 지위보다는 명예와 존경을 받는 것	
3	직장보다 화목한 가정생활이 우선	
	가정보다는 성공적인 직장생활이 우선	
4	근무 환경이 좋지 않더라도 보수가 좋은 직장	
	보수가 적더라도 근무 환경이 좋은 직장	

★ 장래에 어떤 생활 태도로 살아가고 싶은가요?

나의 생활 태도	✓
돈을 많이 벌어 부유한 생활을 하고 싶다.	
평범할지라도 평탄한 생활을 하고 싶다.	
사소한 걱정 없이 마음 편한 삶을 살고 싶다.	
돈을 많이 벌기보다는 내가 하고 싶은 일을 열심히 하고 싶다.	
돈을 많이 벌기보다는 더 나은 사회를 이룩하는 데 힘쓰고 싶다.	
취미 생활을 통해 교양을 쌓고 정신적으로 풍요로운 생활을 하고 싶다.	

★ 왜 이 문항들을 선택했는지 그 이유를 생각하고 말해 볼까요?

★ 출처: 워크넷, 서울특별시교육정보연구원

꿈이 먼저일까, 공부 잘하는 게 먼저일까?

"꿈이 있어야 공부를 잘할까, 아니면 공부를 잘해야 꿈을 찾을 수 있을까?" 이 질문을 받은 학생들 거의 대부분은 '꿈이 있어야 공부를 잘한다'고 대답합니다. 그러고는 자기도 진로를 찾으면 열정을 불태울 수 있을 거라면서, 꿈이 없고 진로가 막연해서 공부가 안 된다고 하소연하죠. 이런 학생들의 공통점은 꿈을 찾고 싶어 하지만 실제로 그에 대한 공부나 하다못해 학교에서 진로 시간에 제공하는 다양한 활동에도 집중하지 못한다는 것입니다. 한마디로 꿈을 찾으려는 노력은 거의 하지 않습니다. 마치 누군가 꿈을 점지해 준다고 착각하는 것 같습니다. 하지만 이미 공부를 잘하거나 또래에 비해 성숙하고 현실적인 아이들은 공부를 잘하다 보면 꿈을 이룰 기회와 점점 가까워진다고 담담하게 말합니다. 이런 아이들은 꿈은 바로 쉽게 찾거나 도깨비 방망이처럼 뚝딱 나타나는 게 아니라 차근차근 단계를 밟아 나갔을 때 도달하는 것이라고 생각하죠.

중학생 때야말로 공부의 목적을 깊이 여유롭게 생각할 수 있는 몇 안 되는 시기입니다. 초등학생 때는 너무 어리고, 고등학생 때는 너무 바쁘니까요. 중학생이 되면 자기 자신을 발견하게 됩니다. 아무리 까불까불하고 별생각이 없어 보여도 내면에 '나는 누구인가?'와 같은 근본적인 질문을 품게 되죠. 중학생 때는 진정한 자아를 발견하면서 자신의 성격, 적성, 흥미 등을 서서히 알아가게 되며, 이는 꼭 필요한 과정입니다. 진정한 자아를 발견하면 공부의 의미와 목적도 달라집니다. 그저 친구들보다 뒤처지지 않으려고 또는 부모님께 인정받거나 용돈을 받으려는 목적이 아닌, 자신의 가능성과 잠재력을 확인하고 인생의 목표를 이루기 위한 공부라면 힘들어도 허무해지지 않죠. 실제로 이런 아이들은 누가 시키지 않아도 열심히 공부합니다. 이런 연유로 최상위권은 결코 사교육만으로 가능하지 않습니다.

앞으로 어떤 사람이 되어 어떻게 살아갈지 인생의 목표를 설정하면 그것을 달성하기 위해 행동으로 옮겨야 합니다. 특히 이때는 거창하고 추상적인 목표보다 자신에게 의미 있고 진정성 있는 구체적인 목표를 세우고 그것을 장기 목표와 단기 목표로 나눠서 각각 생각해야 합니다. 예를 들어 목표가 '수의사가 되거나 반려동물 행동교정사가 되는 것'이라면 이는 장기 목표입니다. 장기 목표는 인생 전반적인 목표로 평생 직업과 관련됩니다. 그다음에 중·고등학생이라면 장기 목표를 이루기 위해 '지원하고자 하는 대학과 전공'이라는 단기 목표를 설정해야 하죠. 이처럼 장기 목표와 단기 목표를 구체화하면 학교에서 하는 공부와 활동이 즐겁고 의미 있게 다가올 것입니다.

선한 영향력을 끼치는 사람이야말로 진짜 인재다

유대인 부모들은 자녀가 아주 어릴 때부터 '병든 세상을 고쳐라' 하고 가르칩니다. 이 세상은 부조리와 모순투성이로 도움이 필요한 곳이 분명히 있으며, 그곳에서 최선을 다해 세상을 선하게 바꾸라는 것이죠.

꿈을 크게 가지라는 말은 꼭 대통령이나 기업가, 유명한 학자가 되라는 것이 아닙니다. 위인처럼 세상을 혁신적으로 바꾸라는 말도 아니죠. '이 세상에 도움을 주는 가치 있는 사람이 되어라'라는 의미입니다. 내 주변과 사회를 둘러보고 나의 역할을 찾아 꿈을 갖는 것이 그 시작입니다. 돈으로 표현되는 물질뿐 아니라 시간과 재능 또한 중요한 가치입니다. 나의 시간과 재능을 활용하여 도움이 필요한 누군가에게 나눔을 실천하는 것이 선한 영향력의 시작입니다. 선한 영향력이 대단하다거나 거창하다고 생각했다면 관점을 이렇게 바꾸어 보면 어떨까요?

- ○○의 즐거움을 타인과 나누기 위해 △△가 되겠다.
- ○○로 사람들이 편리하고 유익하게 살아갈 수 있도록 하겠다.

이렇게 생각의 물꼬를 트는 것이 선한 영향력을 키우는 인성교육과 진로교육의 '시작'입니다. 이를 위해서는 먼저 자녀가 부담 없이 좋아하는 것으로 이타적인 에너지를 만들도록 유도해야 합니다.

진로와 입시 상담을 할 때 아쉬운 점은 학생들의 꿈이 정말 작다는 것입니다. 사회에 기여하고자 하는 비전이 없는 학생이 정말 많죠. 기여는커녕 가능성이 넘치는데도 어차피 취직도 안 될 테니 아르바이트나 해서 적당히 편하게 사는 게 나을 것 같다는 말을 들었을 때는 충격도 받았습니다. 직업이란 사회와 소통하는 방법입니다. 우리 아이들에게 정말 필요한 것은 직업의 사회적 의미이죠. 자신이 사회를 위해 무엇을 할 수 있을지 시간을 두고 고민해 봐야 진로를 제대로 찾을 수 있습니다.

세상이 어떻게 돌아가는지 알려 주는 방법도 있습니다. 아이들은 세상이 어떻게 변하는지 관심을 가져야 합니다. 직업은 결국 세상 속에서 하는 것이기 때문입니다. 만약 자녀가 자신의 강점과 가치관을 파악하지 못했다면 세상이 어떻게 돌아가고, 또 세상에 어떻게 공헌할지 이 단계에서부터 진로를 탐색해도 좋습니다.

우리 아이가 세상과 타인의 행복과 필요에 관심을 갖는다면 아이는 독수리처럼 높이 날아올라 멀리 더 높이 바라볼 수 있게 됩니다. 그리고 독수리처럼 자신이 활동할 무대가 넓은 세계라는 희망을 얻을 수 있죠. 같은 일을 해도 한곳만 바라보는 사람과 넓은 세상을 바라보는 사람은 미래가 달라집니다. 우리 아이들이 흥미와 적성을 찾고 그것을 잘 배워서 선한 영향력을 발휘하는 인재가 되길 소원합니다.

◆ 시의성 교육과 세계시민교육은 최고의 인성교육 방법

선한 영향력을 발휘하고 싶다는 꿈은 하루아침에 생기지 않습니다. 나뿐만 아니라 사회를 돌아보는 과정에서 서서히 생겨나죠. 자녀가 초등학생일 때는 자기 자신과 가족, 주변 친구들이 주된 관심의 대상입니다. 하지만 중학생이 되면 조금 더 시야를 넓혀 정치·경제·사회 문제에도 관심을 기울일 수 있어야 합니다. 이렇게 말하면 거창할지도 모르지만 빵을 사러 빵집에 갔을 때 빵 값이 왜 이렇게 비싼지, 밀가루 값이 왜 올랐는지 이야기를 나눌 수 있겠죠. 이야기를 확장하면 기후변화와 전쟁 등으로 곡물 가격이 오르면 빵, 라면 등 여러 식품 가격이 오르는 인플레이션도 등장할 겁니다. 이제는 먼 나라의 일도 우리나라에 밀접한 영향을 끼치고 있죠. 전기차만 하더라도 환경문제와 미중 분쟁 등 여러 이슈가 담겨 있어 함께 대화하기에 아주 좋은 소재입니다.

미래 사회의 핵심 역량 인간상 중 하나가 '더불어 사는 사람'인 만큼 중학생 때부터 일상과 밀접한 여러 이슈에 대해 함께 알아보는 것은 교육적으로 대단히 중요합니다. 아이와 부모가 함께 시의적 메시지에 관심을 갖고 생각의 힘을 기르는 교육은 식사할 때나 거실에서 쉴 때 충분히 진행할 수 있습니다. 이때 단순히 관심을 갖는 데 그치지 말고, 그 문제의 본질을 깊이 생각해 보는 과정이 중요합니다.

무엇보다 세계시민교육과 인성교육은 서로 보완적인 관계에 있습니다. 세계시민교육은 세계 시민으로서 전 세계 곳곳에서 일어나는 일들에 대해 비판적으로 인식하고 공감적인 태도를 보이며, 합리적인 의사결정과 실천 등을 할 수 있도록 역량을 길러 주는 교육입니다. 이처럼 세계시민교육은 다양한 문화와 사람들을 이해하고 존중하는 태도를 배울 수 있어 인성교육에 도움이 됩니다. 현재 학교에서는 여러 교과목과 융합하여 다루거나 사회과 과목에서 직접 다루기도 합니다. 예를 들면 경제 과목에서는 금융위기의 폐해를, 과학 과목에서는 인공지능과 생명공학기술이 가져올 수 있는 폐해 등을 다루며 각 주제에 대해 글쓰기, 발표, 토론 등을 수행하죠.

세계시민교육은 전 세계의 질서와 움직임을 보는 큰 관점이 필요하기에 아이의 지적 자극에도 아주 훌륭합니다. 평화와 인권 교육, 난민, 기후위기, 다문화, 공정무역 등의 이슈를 함께 이야기하며 정치·경제·환경·사회 현상의 큰 움직임에 관심을 갖게 하면 사고력 향상에도 큰 도움이 됩니다. 단순한 교과목 공부뿐 아니라 세계의 큰 흐름에 대처할 수 있는 역량을 가질 때 진로와 직업을 보는 시각도 더욱 넓어질 것입니다.

친구 따라 강남 가더라도 선은 지켜야 한다

부모가 전부였던 자녀도 중학생이 되면 부모는 서서히 뒷전이 되고 친구들과의 관계를 더욱 신경 쓰죠. 자녀와 어울리는 친구들이 인성도 좋고 공부도 잘한다면 참 좋겠지만, 때로는 부모의 마음에 들지 않는 경우도 있습니다. 공부도 못하고 말투도 불량스러우면서 옷차림과 외모도 너무 개방적이다 못해 문란해 보이면 부모의 속은 타 들어가죠. 부모들은 친구 따라 강남 간다고 내 아이가 이상하게 물들까 봐 신경이 계속 쓰입니다.

이때 자녀의 친구를 비난하고 떼어 놓으려고 하면 오히려 더 큰 문제가 생길 수 있습니다. 이 시기의 아이들은 친구에 대한 평가를 자신에 대한 평가로 받아들이기에 자녀의 친구 관계에 대해 섣불리 판단하고 평가하는 것은 자제하는 것이 좋습니다. 무엇보다 반항기이기에 마치 로미오와 줄리엣처럼 부모가 반대하고 간섭하면 또래 문화에서의 재미와 짜릿함이 오히려 늘어나 서로 더 친하게 지내려고 합니다. 또한 자녀가 어떤 친구와 사귀거나 거리를 둬야 할지 스스로 배우기 전에 부모가 개입하면 관계의 시행착오 속에서 배우고 성장하는 기회를 빼앗는 것이나 마찬가지입니다.

어릴 때는 절친한 친구가 계속 변합니다. 어제까지 죽고 못 살던 친구와 어느 날 갑자기 사이가 멀어지기도 하죠. 이때 자녀의 절친한 친구가 어떤 성격이고 자녀와 어떤 점이 잘 맞으며 어디에 살고 부모님이 어떤 사람인지 알아두면, 친구와 무슨 일이 있었는지 자연스럽게 물어보고 확인할 수 있습니다. 다만 이때 친구를 가려 사귀어야 한다면서 어떤 '등급'이나 '조건'을 걸어 못마땅하게 여기는 것은 좋지 않습니다. 가장 이상적인 친구는 자녀가 보고 배울 수 있는 사람이겠죠. 비록 공부를 잘하지 못하더라도 온화하고 건강한 성격을 갖고 있거나 자녀의 개성과 가능성을 이끌어 줄 수 있는 친구도 좋습니다. 어떤 모습이든 자녀보다 조금 더 성숙한 사람을 사귈 수 있는 귀한 기회이기 때문입니다. 부모의 시각으로 절대 자녀의 친구를 판단하고 평가해서는 안 됩니다. 크게 위험한 친구가 아니라면 부모의 마음에 썩 들지 않더라도 되도록 반대하지 마세요.

또한 '누구랑 노는가'보다 더 중요한 것이 있습니다. 바로 자녀의 건강한 자존감과 소신 있는 주관이죠. 즉 아무리 친한 친구여도 자신과 친구 사이에 명확히 선을 그을 수 있어야 합니다. 또 이에 대한 기준과 원칙을 세울 수 있어야 하죠. 청소년기에 친구들과 어울리면서 생기는 위험한 문제들은 대부분 그 친구가 나빠서가 아니라 상황을 잘못 판단해서 수위를 조절하지 못하기 때문입니다. 그런 일이 있을 때마다 부모가 달라붙어서 매번 통제해 줄 수 없으므로 아이 스스로 원칙을 세우고 해결책을 찾을 수 있게 도와야 합니다. 즉 "누구랑 놀지 마라"라고 말하는 게 아니라, '해서는 안 될 행동, 나의 존엄성과 미래를 해롭게 하는 행동'을 자녀와 평상시에 소통하면서 결정하는 것이 현명합니다. 예를 들어 '술과 담배 같이 해로운 것은 절대 하지 않기', '누구와 어디를 갈 때 부모에게 꼭 알리고 귀가 시간을 지키기', '함께 어울려 다니면서 남들을 괴롭히거나 피해를 끼치지 않기' 등 중요하고 굵직한 원칙을 세 개 정도 정하면 좋습니다. 너무 많으면 잔소리이고 아이에게 크게 와 닿지 않기 때문입니다. 이때 당연히 자녀와 함께 각 원칙이 왜 중요한지 진정성 있게 이야기를 나눠야 합니다.

청소년기의 교우관계는 정말 중요합니다. 그렇기에 자녀와의 관계를 해치지 않으면서 명확한 한계와 원칙을 가지고 자녀의 안전을 지키는 게 최우선입니다.

3

고등학생
인성·진로교육 가이드

합리적인 의사결정을 위한 대화 상대가 되자

고등학생 자녀의 인성교육과 진로교육에서 가장 중요한 것을 딱 하나 고르라면 저는 단연코 '성인이 되기 전에 합리적이고 책임감 있는 의사결정을 하는 법을 최대한 많이 배우고 경험하게 하라'입니다. 부모는 이것이 가능하도록 자녀를 하나의 인격체로 존중하고 대화 상대가 되어 주어야 합니다.

우리나라 대다수의 고등학생은 진로와 진학에 관해 의사결정을 할 때나 동아리 또는 선택과목 등 중요한 결정에서 "친구 따라서요", "엄마가 하라고 해서요", "그냥요" 같은 말을 정말 많이 합니다. 이런 학생들은 평상시에도 대체로 이러한 마음가짐으로 의사결정을 합니다. 자신의 결정을 후회하지 않으면서 만족스럽게 살아가려면 자기 자신과 현재 상황을 고려해 정확한 정보를 바탕으로 스스로 최종 결정을 내려야 합니다. 그리고 그 선택에 대한 책임은 결국 본인이 진다는 걸 깨달아야 하죠.

실제로 부모부터 이러한 의사결정이 잘 안 될 때가 많습니다. 예를 하나 들어 보자면, 자녀의 진로는 잘 몰라도 가능하면 명문대에 꼭 보내야 한다는 부모가 정말 많습니다. 또한 평생직장과 평생직업이 사라져 가는 세상 물정을 모르고 안정적인 직업을 선택해야 한다면서 자녀를 압박하기도 하죠.

확실한 것은 아이의 미래를 지레짐작 염려하며 한계를 설정하는 것보다는 아이 스스로 인생을 계획하고 적극적으로 행동하면서 문제를 해결할 수 있으리라 믿으며 대화 상대가 되어 주는 게 훨씬 합리적이라는 점입니다. 부모 먼저 이러한 자세를 갖추지 않는다면 자녀의 의사결정을 돕는 조력자가 되기 힘듭니다. 따라서 고등학생 자녀를 둔 부모는 스스로 결정하고 행동하고 싶어 하는 자녀의 마음을 인정하고 존중하는 동시에, 성인기를 준비하는 자녀가 부모로부터 삶의 태도를 배울 수 있도록 모범을 보여야 합니다. 여러 번 강조하지만 자녀는 부모가 평소에 자신의 말과 행동에 대해 책임지는 모습을 보면서 따라 배우기 때문입니다.

학습된 무기력을 극복하게 돕고 싶다면

중학교 때부터 공부나 진로, 친구 관계에서 좌절과 스트레스를 겪으며 '학습된 무기력'에 휩싸이는 아이가 참 많습니다. 이러한 아이들은 친구와의 관계를 힘들어하거나 공부에 집중하지 못하고 무언가를 제대로 해보기도 전에 자신감이 떨어진 채 불안해하죠. 또한 어른이 되어서 제대로 벌어먹고 살 수 있을지, 남들은 잘만 사는데 나만 '루저'가 되지 않을까 걱정이 많습니다. 실제로 제가 만나는 중위권 학생들의 가장 큰 두려움은 '인서울 대학도 못 들어가면 어떡하지?'였습니다.

사람은 누구나 자신의 노력으로 즐겁게 살아 보고 싶은 마음이 있고, 또 남들에게 잘 보이고 도움을 주고 싶어 하는 욕구가 있습니다. 이는 자녀가 직접 겪으며 깨우쳐야 할 영역이죠. 이 점을 놓치지 않고 부모가 잘 잡아 줘야 자녀 인생에 시너지 효과를 불어넣을 수 있습니다. 그래서 제가 겪어 본 바로는 경험이 풍부하고 낙천적인 성격을 가진 부모가 자녀에게 더욱 도움이 되는 경우가 많았습니다. 부모와 자녀가 함께 '세상'이라는 살아 있는 교과서를 살펴 가며 그 안에서 어떻게 살아갈지 소통하는 것, 그리고 이를 통해 미래에 대한 주도성과 문제해결력을 아이가 장착할 수 있다면 절반 이상 성공한 것이나 다름없습니다.

고등학생 자녀의 학습된 무기력을 극복하게 돕는 첫 번째 방법은 부모가 아이를 바라보는 관점을 바꾸는 것입니다. 성적이라는 기준으로만 보면 자녀가 문제라고 느껴질 때가 많을 겁니다. 그렇게 성적으로 아이를 압박하면 아이는 무기력증이 생길 수밖에 없죠. 따라서 부모는 자녀를 보는 관점을 달리해야 합니다. 진짜 문제는 낮은 성적이 아니라, 자녀가 존재감을 느끼지 못하고 공부 외에 다른 걸 생각하지 못하는 상태입니다.

두 번째 방법은 지시하고 제한하기보다는 질문을 던지는 것입니다. 앞서 고등학생 자녀에게 가장 필요한 것은 책임감 있고 합리적인 의사결정을 조력하는 것이라고 했습니다. 그 방법 중에 하나는 부모가 "네 생각은 어때?", "어떤 점 때문에 이걸로 결정했니?", "이것과 저건 뭐가 어떻게 다른 거야?", "이 정보는 어디서 찾은 거야?", "만약 이 결정을 했을 때 어떤 결과가 나타날까?" 등을 취조하려 하지 말고 다정하게 잘 물어보는 것입니다. 또한 꿈이 없다는 아이들에게는 자녀의 관심사에 대해 함께 적어 보는 것도 좋습니다. 이때는 '모두 가능하다'는 존중감과 유연성을 표현하는 게 가장 중요합니다. 실제로 진로 상담을 할 때 관심사를 적자고 하면 고민만 하고 못 적는 아이가 너무 많습니다. '부모님이 싫어해서', '내 실력에 비해 너무 어려워서', '돈이 없어서', '왠지 사람들 눈에 이상해 보일 것 같아서' 등등 이런저런 안 될 이유만 잘 찾아내죠.

이렇게 지레짐작 겁먹고 계산만 하기에 꿈을 찾지 못하는 것입니다. 따라서 어떠한 조건도 따지지 말고 자녀의 관심을 끄는 것이면 무엇이든 적어 보게끔 유도해야 합니다.

세 번째 방법은 재촉하거나 채근하지 말고 기다려 주는 것입니다. 앞에서 십 대는 전두엽이 완성된 게 아니라 아직 자라는 중이라고 했습니다. 공사 현장은 다소 어수선하지만, 나중에는 휘황찬란한 건물이 들어섭니다. 이처럼 뇌가 공사 중인 아이들은 어른이 보기에 왜 저러나 싶을 정도로 속 터질 때가 많습니다. 그럼에도 아이들이 스스로 뭔가를 해내가고 있다는 즐거움을 어른들이 빼앗아서는 안 됩니다. 만약 부모가 개입한다면 아이들은 자칫하다 무기력에 빠질 수 있습니다.

제가 상담할 때 가장 어려운 아이들이 바로 무기력에 빠져 있는 아이들입니다. 이런 아이들은 이미 머릿속에 '나는 지금까지 공부를 잘 못했다. 그러니 앞으로도 잘할 리가 없다. 공부뿐 아니라 다른 것도 그럴 것이다'라는 생각이 '믿음'으로 확 박혀 있죠. 이런 아이들은 공부할 때도, 진로를 찾을 때도 애를 먹습니다. 자기 자신에 대해 나쁜 고정관념이 깊이 박혀 있어서 뭐든 시도할 때마다 몇 배나 힘들어하고 도전하기를 주저하죠. 그래서 먼저 '나는 잘할 줄 아는 게 없다'라는 잘못된 믿음부터 깨트리고 자녀가 자신의 좋은 점을 자각할 수 있게 지도해야 합니다. 이 과정을 거치지 않은 상태에서 도와준다고 나서면서 어른들이 하는 말과 행동은 오히려 해가 될 수 있습니다.

저는 학생들을 만나면 무조건 좋은 점을 발견하기 위해 열심히 관찰합니다. 마치 금광에서 금을 찾듯이 말이죠. 실제로 칭찬거리를 찾기 정말 어려웠던 남자아이가 있었는데, 학교생활기록부를 꼼꼼히 살피고 교내 체력 대회에서 1등 한 것을 발견해서 이렇게 칭찬했죠. "건강한 것도 큰 장점이야. 체력이 있어야 나중에 공부도 끈기 있게 잘하고 꿈도 이룰 수 있을 테니까. 선생님은 체력이 약해서 금방 지치고 어쩔 땐 예민해진단다. 그래서 체력 좋고 건강한 것도 실력이라고 생각해. 너는 어떻게 체력 대회에서 1등을 했니?" 그랬더니 아이는 마음을 활짝 열어 자신의 이야기를 들려주었고, 그때부터 여러 방면으로 코칭을 제대로 할 수 있었죠.

모든 아이는 원석과 같습니다. 이 투박한 원석이 보석이 되기까지 많은 시간이 걸리고 고생스럽겠지만, 이를 도울 수 있는 사랑의 코치는 결국 부모뿐입니다. 왜 이렇게까지 해야 할까요? 내 아이에게 감춰진 보물이 꿈과 열정이기 때문입니다. 지금은 보물을 찾으러 멀리 모험을 떠나야 할 때가 아닙니다. 부모는 자녀의 내면에 숨어 있는 꿈을 발견하도록 돕고 진로 지능을 키워 주어야 합니다. 고등학생 때 다시 한번 성장 마인드셋을 일깨우고, 해낼 수 있다는 자신감과 소중한 존재라는 자존감을 불어넣어 줘야 하죠.

정보 탐색을 돕는 도우미가 되자

저는 학생들에게 늘 몇 가지 질문을 던집니다. 앞서 언급한 "꿈이 있어야 공부를 잘할까, 아니면 공부를 잘해야 꿈을 찾을 수 있을까?"와 결을 같이하는 질문이기도 합니다. 바로 "현재가 미래를 바꿀까? 미래가 현재를 바꿀까?"라는 질문이죠.

처음에는 모두 답하기 어려워합니다. 이 질문을 잘 풀어 보면 이렇습니다. '현재 노력하고 선택한 결과에 따라 미래가 달라질까? 아니면 자신이 바라는 미래를 상상하며 구체적인 목표를 정하면 그로 인해 동기부여를 얻어 앞으로 열심히 살아가게 될까?' 사실 둘 중 어느 것을 선택하든 다 맞는 말입니다. 질문하는 상황과 시점에 따라 답이 달라지기 때문이죠.

처음에는 거의 모든 학생이 현재가 미래를 바꾼다고 대답합니다. 그런데 강의나 컨설팅을 통해 자세히 이야기를 나누다 보면 생각이 달라지죠. '고작 20년도 안 살았는데 미래를 어떻게 상상하느냐에 따라 현재가 달라질 수도 있겠네' 하고 바뀌는 것입니다. 즉 막연히 노력하는 게 아니라 구체적인 목적을 설정하는 것, 다시 말해 '사는 대로 생각하는 것이 아니라 생각하며 사는 것'이 얼마나 중요한지 조금이나마 깨닫게 됩니다. 이를 위해서는 먼저 목표를 정확하게 설정해야 합니다.

> **꿈** 요리사
>
> **목표 대학** 서울대 조리학과, 고려대 조리학과, 연세대 조리학과

실제로 고등학교 1학년 남학생이 적어서 낸 꿈입니다. 이렇게 적어 낸 이유를 물어보니 부모님이 요리사가 되더라도 최고의 대학을 나와야 한다고 했다더군요. 결국 이 학생은 이 세 대학교에 조리학과가 없다는 것을 알고선 크게 실망했습니다. 이처럼 우리나라 부모들은 자녀가 어떤 직업을 갖든 좋은 대학교에 나왔으면 합니다. 만약 자녀의 미래를 진심으로 생각했다면 좋은 요리학교를 알아봤을 테죠.

반대로 어떤 학생은 고등학교 1학년 때부터 인공지능에 관심이 많아 '인공지능을 이용해 화학물질의 독성을 예측하여 사람들의 안전과 건강의 질을 높이고 싶다'는 식으로 학년이 오를수록 목표를 점점 구체적으로 설정했습니다. 인공지능과 화학, 환경 융합 분야를 대학에서 배우고 싶어 인공지능 관련 학과와 화학공학과 중에 진지하게 고민하기도 했죠.

이처럼 목표를 구체화하고 글로 써보면 꿈을 실현할 가능성이 커집니다. 이런 진로 로드맵 작성을 부모가 대신 해줄 수는 없지만, 정보를 찾는 것을 도와줄 수는 있습니다. 제대로 도와야 서울

대 조리학과를 찾는 불상사가 없을 겁니다. 요즘은 교육과 입시 정보는 물론이고 돈을 벌 수 있는 방법도 넘쳐나며 쉽게 찾을 수 있습니다. 그런데 '구슬이 서 말이라도 꿰어야 보배'라고 어떻게 정보를 찾고 잘 활용하는지가 참 중요합니다. 그리고 정보를 탐색하고 분석하는 능력은 돈의 문제가 아니라 부모의 관심과 열의의 문제입니다. 요즘은 국가에서 운영하는 진로·진학 관련 사이트나 지역별 진로진학센터에서 일대일 입시 상담도 무료로 제공하는 등, 도움을 얻을 수 있는 곳이 넘쳐나니까요. 다양한 정보를 바탕으로 우선순위를 바로 세운 부모만이 고등학생 자녀를 제대로 도울 수 있을 겁니다.

자녀의 롤모델을 현실적으로 살펴보자

고등학생이 되면 어릴 때에 비해 장래희망을 현실적으로 생각하게 됩니다. 이때 그 직업에서 실제 활동하고 있는 사람들의 생생한 이야기를 들으면 큰 도움이 되죠. 그러나 많은 부모는 어떤 분야에서 성공한 연사들의 강연만 듣게 하려고 합니다. 그중에서 특별한 업적을 세우거나 돈을 많이 벌고 좋은 대학교에 들어간 인물에 초점을 두죠. 그러나 매일매일 최선을 다하는 평범한 직업인의 이야기가 자녀에게 더 도움이 될 수 있습니다.

요즘에 저는 배우나 아이돌 등 연예인을 동경하는 아이들을 많이 만납니다. 하지만 고등학생 정도가 되면 자신이 실제로 연기를 하고 노래를 부르고 싶은 것인지, 그저 돈을 많이 버는 화려한 톱스타를 꿈꾸는 것인지 자신의 마음을 돌아볼 수 있어야 합니다. 따라서 자녀가 롤모델에 대해 알아볼 때 그 분야에서의 영향력만 살펴보지 말고, 그 직업에 몸담게 된 계기나 그간의 시행착오 등을 찾아볼 수 있게 지도해야 합니다. 이것이 더 큰 도움이 될 겁니다. 실제 직업인의 영상을 보면 모든 직업에는 희로애락이 존재하며, 또 일에는 돈을 버는 것 이상의 무언가가 담겨 있다는 것을 깨달을 수 있습니다. 한편 장래희망으로 어느 정도의 수입을 얻을 수 있는지 찾아보는 것도 도움이 됩니다. 만약 아이가 연봉이 낮은 직업을 골랐을 때 부모가 참견하면 오히려 역효과가 날 수 있습니다. 연봉을 함께 확인하는 정도가 딱 적당합니다. '돈'은 흥미와 적성, 가치관, 비전과 같이 여러 판단 기준 중 하나일 뿐이니까요.

무엇보다 롤모델을 입체적으로 분석해 보는 게 좋습니다. 대다수 사람은 그 직업의 보수나 사회적 명성 같은 눈에 보이는 결과만 단순하게 살피고 자신도 그렇게 성공할 수 있길 바랄 뿐, 정상에 오를 때까지 얼마나 치열하게 살아왔는지에 대해서는 별로 관심이 없습니다. 어떤 어려운 과정을 이겨 내야 하고, 어떤 자질과 역량을 키워야 하는지 입체적으로 분석해야 롤모델을 벤치마킹하는 것을 넘어서 뛰어난 인물이 될 수 있습니다.

다음은 자녀가 롤모델을 선택하고, 그 인물을 입체적으로 분석할 때 도움이 되는 질문입니다.

- 롤모델은 어떤 성공과 성취를 이루어 냈는가?
- 그러한 성취로 사회에 어떤 영향을 끼쳤는가?
- 롤모델이 꿈을 갖게 된 계기와 이유는 무엇인가?
- 롤모델은 그 꿈을 이루기 위해 어떤 노력을 했는가?
- 롤모델이 자신의 분야에서 성공할 수 있었던 이유는 무엇인가?
- 롤모델의 진학 경로는? (졸업한 학교나 학과)
- 롤모델은 어떤 고난과 역경을 겪었는가?
- 롤모델은 그 고난을 어떻게 극복했는가?
- 내가 본받거나 닮고 싶은 점은?

롤모델을 살필 때 자기 자신에게 이런 질문을 던지면서 능동적으로 살펴보면 진로와 인성 두 마리 토끼를 모두 잡을 수 있을 겁니다.

⸪◆ 다양한 성공 방식을 알아야 할 때

이제 안정적인 평생직장도 없고 한 가지 직업만으로 살아남기 불가능한 시대죠. 실제로 어느 연구에 따르면 앞으로는 한 사람이 인생에서 다섯 개 이상의 직업을 갖게 될 거라고 합니다. 이제 우리 아이들은 분야를 다양하게 확장하며 새로운 직업에 적응해 나갈 수 있는 능력이 필요합니다. 이때 가장 필요한 것이 무엇일까요? 부모 먼저 '공부-대학-입시-취업'이라는 고정관념을 버리고 자녀가 자신의 관심사를 제한 없이 확장할 수 있게 돕는 것입니다. 또한 중구난방으로 여기저기 기웃대지 말고, 자녀의 강점을 바탕으로 시야를 확장하는 것이 중요합니다.

사람마다 자신만의 일관된 강점 코드가 있습니다. 그리고 그 코드에 맞는 직업군 안에서 다른 직업으로 서서히 확장해 가는 것이죠. 예를 들어 '사회복지사'가 갑자기 '빅데이터 전문가'가 된다면 배워야 할 지식이 너무 달라 시간이 오래 걸릴 것입니다. 하지만 비교적 직업의 성격이 비슷한 '평생교육사'나 '청소년 상담사' 또는 '노년 플래너'나 '직업상담사'로는 확장이 가능합니다. 물론 세세하게 배워야 할 지식과 필요한 자격 요건은 조금씩 다를 테지만요. 또 다른 예를 들어 보겠습니다. 공간지각능력과 미적 감각, 디자인 능력이 뛰어난 건축가는 'U-시티(Ubiquitous City, 21세기 미래형 도시) 기획자'나 '조경 디자이너'가 되는 것이 '평생교육상담사'나 '사회복지사'가 되는 것보다는 효율적일 것입니다.

사람들이 미래 직업 세계를 두려워하는 것은 하고 있던 일을 타의로 그만둬야 할지도 모른다는 불안감과 새로운 직업을 찾기 위해 내 능력 밖의 것을 해내야 한다거나 지루한 배움의 과정을 거쳐야 할지도 모른다는 걱정 때문입니다. 그 막막함이 마음을 압도하면 정말 괴롭죠. 하지만 나의 강점과 흥미 코드에 맞는 직업군 안에서 새로운 직업을 찾는다면 두려움은 줄어들 것입니다.

한편 관심 있고 좋아하는 것을 '경제성' 있게 하는 것도 중요합니다. 어릴 때부터 좋아하던 것으로 어떻게 하면 가치를 창출할 수 있을지 직접 겪어 보는 것이죠. 그냥 게임만 하는 아이와 똑같이 게임을 하면서도 유튜브로 중계하고 그것을 자신만의 콘텐츠로 승화시켜 돈을 버는 아이는 부가가치 창출이라는 측면에서 전혀 다른 사고방식을 갖게 됩니다. 아무리 시대가 변해도 가장 안전한 투자는 자신의 강점에 투자하는 것입니다. 따라서 학교에서 공부를 하면서도 자신만의 콘텐츠를 발견하는 연습을 해야 합니다. 이 콘텐츠를 기본으로 다양한 목표로 확장해 나가는 것이죠. 메이크업에 관심이 있는 학생이라면 다음 그림과 같이 목표를 확장할 수 있습니다.

메이크업 → 화장품을 직접 만들기 위해 화학 공부 → 화장품 브랜드, 광고, 마케팅, 유통, 무역 등 경영과 경제에 관심 확장 → 목표와 사고가 넓어지게

단순히 근로자를 양성하는 차원이 아닌
더욱 창의적으로 부가가치를 창출하는 존재가 되도록

몇 년 전, 한 남학생이 자신의 꿈과 부모가 제안하는 대학 및 학과가 달라 고민된다고 털어놓은 적이 있습니다. 그 학생의 장래희망 직업은 '헬스트레이너'였는데, 운동을 너무나 좋아해서 하루에도 푸시업을 100개 이상 하고 헬스 관련 영상을 볼 때 시간 가는줄 모른다고 했습니다. 또 살이 많이 찐 친구들의 다이어트를 도와주고 친구들과 함께 운동할 때 행복하다더군요.

"부모님이 안정적으로 돈 많이 버는 것을 하라고 하세요. 제가 운동이나 헬스 관련 이야기만 하면 걱정하세요. 그걸로 어떻게 나중에 가정을 이루고 사냐고요." 이러한 남학생의 고민에 저는 우선 연예인이나 유명인사의 운동을 도와주는 1급 트레이너가 될 수도 있고, 또 세계적인 운동 프로그램을 개발하면 부가가치를 창출할 수 있다고 조언했죠. 그러자 아이의 눈이 휘둥그레졌습니다. 또

한 다이어트 식품까지 만들어서 다이어트 전문가 겸 헬스트레이너로서 활약할 수도 있다고 언급했죠. 그러면서 식품공학과에 대해 이야기했습니다. 그러자 그 학생은 원래 생활체육학과나 스포츠레저학과를 가고 싶었지만 이제는 마음을 바꿔 식품공학과에 가서 다이어트 식품 관련 공부를 하고 싶다고 말했습니다. 그렇게 이 학생에게는 자연스럽게 운동과 식이요법 등의 분야에서 자신만의 콘텐츠를 만들겠다는 목표가 생겼죠.

이처럼 자신이 좋아하거나 즐기는 것을 콘텐츠로 만들어 경제성을 살리려고 할 때 그 중간 단계가 참 어렵습니다. 저는 좋아하는 일을 경제성 있게 만드는 첫걸음으로 '서툴러도 세상에 표현하고 기록하라'고 제안합니다. SNS에 자신의 아이디어를 표현하고 끈기 있게 콘텐츠를 올리면 그 근성이 경쟁력이 되는 것이죠.

특히 이 과정에서는 부모가 '아이가 좋아하는 건 언제든 바뀔 수 있다!'라고 유연하게 생각하는 게 중요합니다. 즉 아이가 어릴 때부터 재미있어 하는 활동을 통해 긍정적인 정서를 가지고 도전하는 것 자체에 의의를 두어야 합니다. 다만 그 분야로 경제 활동이 가능한지 아이가 직접 판단할 수 있게 곁에서 조언해 주어야 하죠. 그러면 아이가 알아서 아닌 것은 과감하게 그만둘 겁니다. 이는 실패가 아니라 성공을 배워 가는 과정입니다.

비싼 컨설팅을 받아도 제자리인 이유

요즘에는 고입과 대입을 위해 많은 학부모와 학생이 입시 컨설팅을 받죠. 우리나라 사교육에서 컨설팅은 자기주도학습과 입시 전략에 치중된 편입니다. 그래서 진로 컨설팅이라는 말보다는 '입시(진학) 컨설팅'이라는 용어를 더 친근하게 여기죠.

저를 찾는 학생들은 컨설턴트가 학교 선생님과는 다른 상위 0.1%만의 특별한 비법을 제시해 인생의 터닝 포인트를 찾아줄 거라 기대합니다. 하지만 최선을 다해 문제 해결을 위한 대안을 제공해도 결과는 학생의 인성에 따라 각자 달랐습니다. 만약 컨설턴트인 제가 모든 학생에게 공평한 전략을 알려 주었다고 해보죠. 그러나 정작 학생이 실행에 옮기지 않는다면 무슨 의미가 있을까요? 어차피 실천하고 그것을 유지해 목표를 이룰 사람은 학생 자신인데요.

따라서 아무리 좋은 전략을 받는다 한들 그전에 학생에게 끈기와 성실이 장착되어야 합니다. 이렇게 유지하는 힘을 '그릿(투지)'이라고 부르죠. 미국의 심리학자인 앤절라 더크워스Angela Duckworth는 자신의 책에서 그릿이란 '자신이 성취하려는 목표를 끝까지 해내는 힘'이며, 그릿이 높은 사람들은 주어진 조건과 환경은 다 달랐지만 성공할 확률이 높았다고 밝혔습니다.

부모는 자녀에게 그릿의 중요성을 알려 주고 성인이 되기 전에 그릿을 가질 수 있게 지도해야 합니다. 어떤 이벤트나 목표를 통해 동기부여를 얻어 열정의 불씨가 조금 붙었다 하더라도 꾸준히 노력하려는 의지가 없다면 그저 공수표에 불과합니다. 그 노력을 유지하는 것이 성공과 성취를 좌우합니다. 그런데 몇몇 사람은 열정이 하늘에서 뚝 떨어지는 거라 착각합니다. 저 또한 이십 대까지 그런 생각을 했었죠. 간혹 어릴 때부터 그릿을 이미 장착한 아이들을 만나기도 했는데, 그런 아이들은 가정에서 부모가 그릿을 많이 키워 주려고 애쓴 흔적이 보였습니다.

열정을 지속시키는 원동력은 거창한 이벤트가 아니라 '루틴'입니다. 루틴이란 같은 행동을 반복하면서 마음을 다스리는 일로써, 자신만의 리듬을 유지하고 마음이 흐트러지지 않게 바로잡아 주는 '안전 장치'입니다. 부모는 지속적인 관찰과 관심으로 적절한 시점에 개입해 아이가 미래에 대해 큰 기대를 품으면서 실제로 실행할 수 있도록 도와야 합니다. 이를 위해서는 부모 먼저 자신의 인생 목표에 얼마큼 열정을 갖고 노력하는지, 또 자녀가 자신을 본받고 싶어 할지 되돌아보는 게 좋습니다.

학교 공부도 하나의 루틴입니다. 따라서 하기 싫고 지겹더라도 학교에서 배운 것을 매일매일 꾸준히 복습하며 집중하다 보면 아이는 어느 순간 변화한 자신을 발견할 수 있을 것입니다. 아이들은 아직 정해진 게 하나도 없습니다. 진로는 얼마든지 바뀔 수 있죠. 따라서 후회 없는 일상이 모여 성장하는 가운데 진로를 확정할 수 있도록 도와주어야 합니다.

◆ 명상을 통한 휴식으로 메타인지를 키우자

고등학교 때는 내신시험이 그대로 입시(수시)에 반영되기 때문에 많은 학생이 시험 스트레스를 받습니다. 또 수행평가와 여러 비교과 관련 활동들을 하면서 매일 내야 할 과제도 엄청나죠. 고등학생 중에는 이러한 것들에 압도당해 걱정과 짜증만 내다가 결국 될 대로 되겠지 하며 회피하는 아이들이 있는가 하면, 그래도 해보자는 마음으로 플래너를 쓰고 계획을 세워 집중력을 발휘하는 아이들도 있습니다. 부모라면 당연히 자녀가 고등학교 3년 동안 시험 기간마다 뭐 하는 것도 없이 예민하게 구는 것보다는 지금 이 순간에 할 수 있는 최선의 방법을 찾길 바랄 것입니다. 그래서 어릴 때부터 외부 자극에 바로 반응하지 않고 우선 숨을 고른 다음, 마음이 평안해진 상태에서 확인하고 결정하는 습관을 키워 줘야 합니다.

몇 년 전부터 전 세계적으로 명상의 한 종류인 '마음챙김'이 유행하고 있습니다. 구글을 비롯한 세계적인 기업들에서 마음챙김 프로그램을 진행하고 있고, 교육 현장에도 적극적으로 도입되는 중입니다. 실제로 카이스트에서는 명상 수업이 운영되고 있습니다. 2011년 과도한 경쟁에 내몰린 스트레스로 카이스트 학생들이 연이어 극단적인 선택을 했다는 소식이 들려와 많은 사람이 큰 충격을 받았는데요. 이후 카이스트 학생들은 마음을 보살필 수 있는 적극적인 프로그램과 인성교육을 요청했고, 그해 카이스트에 명상 수업이 개설됐습니다. 이 명상 수업은 당시 학생들이 자신의 마음을 돌아보며 일상을 재건하는 데 도움을 주었죠.

명상이나 요가까지는 아니더라도 마음에 드는 편안한 자세를 취하고 심호흡을 반복하면 격앙된 감정을 진정시키고 마음을 평온하게 만들 수 있습니다. 실제로 교육 현장에서 아이들이 서로 다퉈서 분노가 머리끝까지 치솟아 폭력으로 확대되기 전에 마음을 진정시키는 심호흡과 명상을 시키면 큰 효과를 볼 수 있습니다.

또한 명상은 학생들의 자기조절력 향상에 큰 도움이 되고, 요즘 많이 나오는 '메타인지'와도 연결됩니다. 전두엽피질이 감정을 조절하는 편도체를 통제할 기회를 주면서 자율신경계의 균형을 잡을 수 있는 것이죠. 그리고 행복 호르몬이라는 세로토닌을 분비한다고 합니다. 세로토닌은 심신이 안정될 때 많이 분비되는 호르몬으로, 우울증 치료제는 세로토닌이 뇌에 오랫동안 지속되는 효과를 줍니다. 당연히 약효가 끝나면 다시 우울해집니다. 근본적인 해결책은 아니지요. 따라서 자녀가 어릴 때부터 차분하고 조용한 마음챙김 상태에 들어설 수 있도록 환경을 조성하는 것은 자녀의 자기조절력을 키우고 우울증을 줄이는 효과적인 방법입니다.

학교와 학원으로 스케줄이 꽉 차 여유가 없는 고등학생 자녀에게 혼자만의 조용한 시간을 준다는 건 부모로서 용기가 필요한 일일지도 모릅니다. 그러나 어릴 때부터 고요한 내면의 시간을 가져서 자신의 기분과 감정을 알아차리게 해야 아이의 진정한 경쟁력을 키울 수 있습니다. 이와 관련해 뇌가 휴식할 수 있게 일주일 중 하루는 온 가족이 스마트폰과 TV를 끄는 '미디어 금식', 그리고 홀로 잡생각 없이 느긋한 시간을 보내는 '멍 때리기'도 좋은 방법입니다.

⬥ 많이 주는 자가 많이 누린다

미국 명문 사립학교에서는 '논 씨비(Non Sibi)'를 많이 가르친다고 합니다. 라틴어로 '자기 자신만을 위해 살지 말라'는 말로, 우리에게 친숙한 '배워서 남 주자'라는 말과 비슷한 뜻이죠. 사실 학교 교육 목적은 지식과 기술을 나누고 남을 배려할 줄 아는 인재가 더 나은 세상을 만들 수 있다는 믿음 때문일 것입니다. 실제로 타인을 돕고 베푸는 행위가 자신을 더 이롭게 만든다는 과학적 증거도 있습니다. 바로 '헬퍼스 하이(Helper's High)' 효과입니다. 미국의 한 내과 의사가 자원봉사자 3,000명을 대상으로 조사한 결과, 타인을 돕는 행위가 스트레스를 줄이고 긍정적인 감정을 일깨우며 자존감을 높여 주었습니다. 또한 고통을 없애는 데 도움을 주는 호르몬인 엔도르핀이 분비되었다고 하죠.

교육 현장에서도 혼자 공부하는 학생보다 또래 멘토 활동을 하며 다른 친구의 학습을 도와주는 학생의 성적이 꾸준히 향상되었던 경우를 자주 볼 수 있습니다. 친구에게 가르쳐 주면서 자신의 것으로 소화하는 것이죠. 또한 누가 시키지 않았는데도 교실 창문을 열어 환기시키거나 쓰레기통 정리를 하는 학생이 있는 학급은 분위기도 좋습니다. 교실이 쾌적해서인지 과목별 담당 선생님들도 확실히 수업을 더 활기차게 하고, 결국 시험 기간에 뭐 하나라도 팁을 자연스럽게 더 얻습니다.

고3 수시 면접을 준비하는 학생 중에 자발적으로 모의 면접팀을 구성한 아이가 있었습니다. 일부러 함께 준비하려고 자기도 바쁜데 친구들 스케줄을 조율하고 예상 질문이나 면접 요령을 정리해 나눠 주었죠. 실제로 혼자 조용히 면접 컨설팅을 받는 아이와 저에게 배운 면접 요령을 학교 친구들과 공유한 아이 중에 후자가 결과가 더 좋았습니다. 너무나 당연한 것이, 면접은 짧은 몇 분 동안 대학 입학사정관과 교수에게 자신을 어필해야 하죠. 이를 위한 화술은 혼자서 문제집 풀 듯 달달 외운다고 해서 늘지 않습니다. 얼마나 많이 입 밖으로 내뱉고 표현하느냐에 달려 있고, 또 비언어적 요소도 무시할 수 없기에 수많은 연습이 중요합니다. 면접 요령을 공유한 학생들은 다른 친구들을 도우면서 결과적으로 헬퍼스하이 효과를 그 누구보다 많이 누린 셈입니다.

꼭 대단한 도움을 주어야 한다고 크게 부담을 느낄 필요는 없습니다. 어릴 때부터 어떤 활동을 하든 적극적으로 참여하고 내 위치에서 최선을 다하면 됩니다. 그러면서 자신이 하는 것보다 조금 더 고민하고 다른 방법을 시도해 보는 것이 '나눔'의 시작이죠. 나눔도 처음부터 잘하는 게 아니라 하던 사람이 계속 잘합니다. '사람들이 느끼는 불편을 어떻게 해소해 줄 수 있을까?', '내가 지금 공부하고 있는 지식이 다른 사람들에게 흘러간다면 어떻게 될까?' 이런 태도로 SNS에 정보와 아이디어를 공유하는 것도 작은 시작이 됩니다.

그런데 몇몇 부모는 '우리 아이가 그저 주기만 하면 손해 보는 것 아니야?' 하면서 걱정하기도 합니다. 공부하랴 입시 준비하랴 시간이 아까운데 자녀가 괜히 퍼주기만 하고 끌려다니기만 할까 겁나기도 하죠. 하지만 현명한 사람은 기준을 명확히 세우고 가능한 것은 아낌없이 베풀지만 그렇지 않은 것은 제대로 거절합니다.

또한 자기관리를 잘하면서 참과 거짓을 구분하는 안목과 균형 감각도 있죠. 확실한 것은 도움도 돌고 돌기에 자녀가 '잘 베푸는 사람'이 되면, 나중에 자녀가 어려울 때 기꺼이 돕는 사람이 어디선가 꼭 나타납니다. 신기하게도 진정성 넘치는 감동은 그저 사라지는 게 아니라 세상과 타인을 움직이는 실체가 되기 때문입니다. 하지만 이러한 '호의'는 직접 나눔과 친절을 베풀고, 또 타인의 배려를 많이 받아야만 실감할 수 있습니다.

무엇보다 우리 아이를 창의력 넘치는 미래 인재로 키우고 싶다면 일단 세상과 사람에 대한 공감 능력과 이타성을 키워 줘야 합니다. 아이에게 자신의 재능과 경험을 어떻게 세상과 공유할지 그 씨앗을 심어 준다면 언젠가는 창의력이 넘쳐 부가가치라는 열매를 맺는 나무로 성장할 것입니다.

입시에서도 좋은 인성이 유리하다

많은 부모가 교과서와 문제집만 달달 외워서 객관식 답만 잘 찍으면 자녀의 미래에 꽃길만 펼쳐지리라 생각하지만 현실은 그렇지 않습니다. 이제 대학과 사회에서 원하는 미래 인재는 사회문제를 잘 해결하고 그것을 지역사회 발전이나 부가가치 창출로 연결할 줄 아는 인재입니다.

따라서 입시에서도 인성은 아주 중요합니다. 현재 대학에서 선호하는 인재상은 그저 단순히 암기해서 시험문제를 잘 푸는 학생보다는 문제해결력과 도전정신을 갖춘 인재입니다. 특히 면접에서 건강한 인성은 매우 유리합니다. 좋은 대학일수록 지원하는 학생들의 내신 성적이 대체로 좋기 때문에, 성적은 큰 변수가 되지 못합니다. 그래서 대학도 얼마나 발전 가능성이 있는지 지원자의 잠재력을 보려고 하죠. 아무리 훌륭해도 미래가 기대되지 않으면 대학은 선발을 주저합니다. 하지만 우리나라 대다수의 고등학생은 이 부분이 취약합니다.

실제로 한 여학생은 인서울 상위권 공대를 이렇게 들어갔습니다. 이 학생은 중학생 때까지는 진로에 대한 의욕이 없다가 고등학교 1학년 때 화학실험을 하면서 화학이 좋아지기 시작했습니다. 그러면서 자신이 생리대를 착용할 때마다 피부 트러블이 나고 생리통도 심해서, 그것의 화학적 연관성에 호기심이 생겨 많은 교양 화학책을 읽게 되었죠. 그렇게 이 학생은 친환경적이면서도 인체 친화적인 여성용품을 개발하고 싶다는 꿈을 가지게 되었습니다. 이후 이 학생은 화학공학과로 진로를 세우고 친환경용품 개발자에게 필요한 자질은 과학 지식과 창의성이라고 생각해 매년 발명 아이디어에 참가해 수상 실적을 올리기도 했습니다. 이 과정을 자기소개서에 쓴 덕분에 이 학생은 입시에서 좋은 결과를 낼 수 있었습니다. 청소년 때 해왔던 고민과 노력으로 학업 역량과 전공 적합성 문제해결력, 그리고 도전정신을 충분히 증명해서 대학에서 발전 가능성을 인정받은 것입니다(2024학년도부터 대학 입시에 자기소개서가 폐지됨).

이 학생의 사례처럼 이제는 도전하는 기업가 정신이 입시에서 실속이 있고, 이를 위해서는 자기주도적으로 원하는 공부를 할 수 있는 동기부여가 필요합니다. 이렇게 호기심을 갖고 스스로 찾아서 공부하는 것은 일방적인 주입식 공부보다 즐거워서 학습 효과가 좋습니다. 그리고 흥미와 이타성이 만날 때 큰 시너지 효과가 나타납니다. 즉 자기만 알던 아이라도 세상을 보는 눈이 넓어지면서 '나도 유익한 존재가 될 수 있구나' 하고 뿌듯해하죠.

진로 입시 상담을 할 때 기억에 남았던 또 다른 학생이 있습니다. 디자인에 관심이 있던 여학생이었는데, 저는 나눔 디자이너로 유명한 배상민 교수의 책을 추천했습니다. 이 학생은 책을 읽고 그냥 디자이너가 아닌 '사람들의 삶의 질을 높이는 디자이너'가 되고 싶다며 꿈을 업그레이드했습니다. 이후 디자인 공예 수업에서 모둠원들과 생활 속 불편한 점을 찾아 개선하는 활동을 하던 중에 이 학생은 문득 집 근처 상가의 길가에 앉아 채소를 팔던 할머니들을 떠올렸습니다. 할머니들을 볼 때마다 주변 환경도 좋지 않고 바로 옆이 차도이기에 위험할 것 같다고 생각한 학생은 어느 날 용기를 내어 할머니들께 무엇이 불편한지 여쭤 보았고, 비나 햇빛을 피할 수 없어서 가장 힘들다는 답을 들었습니다. 이후 이 학생은 포장마차를 일상적인 소재로 새롭게 디자인한 것에서 아이디어를 얻어 안전하면서도 미관을 해치지 않는 판매 공간을 구상했습니다. 더불어 노점상 문제가 단순히 판매 공간을 개선한다고 해서 해결될 것이 아니라, 세금 문제나 정책적으로 확인할 것이 많음을 알게 되었습니다. 비록 학생의 디자인이 실현되지는 못했지만, 이 학생은 이 활동을 통해 평소에 주변을 세심히 관찰하고 조금이라도 나은 환경을 구상해 보는 습관이 생겼습니다. 또한 어려움을 겪는 사람들에 공감하며 이들을 돕는 디자이너로 성장하고 싶은 열망이 생겨났죠. 이러한 이타성과 공동체 정신은 진로와 입시에서도 좋은 시너지를 일으켰습니다.

◆ 건강한 마음으로 봉사활동을 해야 하는 이유

대부분의 중·고등학생은 봉사활동을 어쩔 수 없이 '학교에서 시키고', '학교생활기록부 시간을 채워야 해서' 하는 경우가 참 많습니다. 진심으로 봉사하고 싶은 마음이 굴뚝같아도 학교와 학원 스케줄로 무척 바쁘기 때문입니다. 또한 정말 하고 싶은 봉사활동이 생기더라도 학교생활기록부에 기입되지 못하고 학교에서 인정해 주지 않는 기관도 많다 보니 자신이 원하는 것보다는 학교생활기록부에 잘 적힐 만한 곳에서 마지못해 할 때도 많습니다.

만약 자녀가 관심사나 진로와 관련해 하고 싶은 봉사활동이 있다면 일단 시도하도록 하면 좋습니다. 봉사활동을 통해 자연스럽게 관심 있는 직업의 직무를 경험하면서 진로를 구체화하는 일석이조의 효과를 얻을 수 있기 때문입니다. 또 무기력한 아이들에게는 감사하는 마음을 갖게 하면서 동시에 자존감과 행복감을 높이는 최고의 치료약이 됩니다. 자존감과 행복감이 높아지면 열정을 쏟아부을 대상을 찾게 되고 이것이 공부로 이어지기도 하죠. 청소년기의 봉사활동은 대단한 신념을 가졌거나 재능이 뛰어난 사람만 하는 게 아닙니다. 시간과 돈이 넘치는 사람만 하는 것도 아니죠. 그저 내가 가진 소중한 무언가를 함께 나누고자 하는 작은 마음에서 비롯됩니다. 그 어떤 것보다 가장 효과적인 교육입니다.

공부도 잘하고 진로도 명확하고 건강한 인성을 가진 한 고등학생이 있었습니다. 이 아이의 성장기가 궁금해서 물어 봤더니 초등학교 5학년부터 고등학교 3학년까지 엄마와 함께 중증장애인 시설에서 봉사활동을 했다더군요. 그곳에서 중증장애인의 기저귀를 갈아 주고 목욕을 시켜 주는 등의 육체적인 활동부터 정서적 교감을 위해 말벗이 되어 주기도 했습니다. 이 남학생이 저에게 했던 말 중에 기억에 오래 남는 말은 이것이었습니다. "모두 건강하고 풍요롭게 사는 건 아니더라고요. 제가 너무나 당연하다고 생각하는 것들에 감사해요."

제가 생각하는 봉사활동의 가장 큰 이점이 바로 이런 것입니다. 거창한 어떤 것이 아니라 이런 겸허한 마음이 삶에 생기를 불어넣으니까요. 이 학생은 장애인에 대한 편견을 가진 친구들에게 봉사활동을 권유하며 함께 봉사하러 다니기도 했고, 용돈을 모아 매달 만 원씩 7년째 기부하고 있다고 했습니다. 또한 남들이 힘들어하는 일도 앞장서서 열심히 했더니 친구들의 추천으로 우수 봉사상도 받았습니다. 의사 표현을 잘하지 못하는 장애인들을 위해 IT융합 전문가라는 꿈도 키우게 되었습니다. 장애인의 의사 표현을 도와줄 방법을 개발한다면 더 많은 사람과 소통하면서 결과적으로 장애인의 삶의 질이 나아질 거라는 생각이 들었다고 하네요. 향후 장애인들을 위한 인공지능 소프트웨어를 만들어 도움을 주고 싶다는 학생을 보면서 봉사활동의 진짜 가치를 실감했습니다.

그런데 또 중요한 게 있습니다. 자녀가 자발적으로 봉사활동을 이어 가는 건 훌륭한 일이지만, 부모는 자녀가 봉사활동을 타인에게 강요하지 않는지 주의 깊게 살펴봐야 합니다. 남을 돕는 마음이 자칫하다 우월감으로 자리 잡으면 곤란해지기 때문이죠.

'봉사활동을 하는 게 당연한 거지. 불우하거나 곤경에 처한 사람을 돕지 않는 것은 나쁜 거야.' 이런 신념이 강해지면 오류를 범하고 갈등을 조장하는 계기가 될 수 있습니다. 사람마다 처한 환경이 다르므로 봉사나 기부는 기꺼이 원해서 자발적으로 하는 것이며 의무가 아님을 알려 주어야 균형 잡힌 신념을 가진 어른으로 자랄 수 있을 것입니다. 또한 '나는 타인과 공인을 위해 대의적으로 멋진 일을 하니, 내가 하는 이 일은 수단과 방법이 잘못되었어도 괜찮아' 하는 생각을 갖지 않게 조심해야 합니다. 이 또한 굉장히 위험한 발상입니다.

갈수록 봉사나 자선활동, 또는 펀딩을 기획하고 주관하는 단체가 많아지고 있고, 그중에는 오히려 비싼 돈을 줘야 하는 해외 봉사활동도 있습니다. 아름다운 풍광의 외국에서 세계 각국의 학생들과 영어로 소통하며 봉사활동을 하면 세계적인 인재가 될 것이라고 광고하기도 하죠. 이 중에는 정작 봉사 효과는 떨어지고 그저 부모의 욕망만 자극하는 것이 있을 수 있으니 잘 살펴봐야 합니다. 기부나 봉사가 좋은 것이지만, 겉보기에 좋은 것이라도 어두운 속내가 있을 수 있으니 잘 구분하는 현명함이 필요합니다. 무엇보다 자선과 기부와 봉사는 아이가 자발적으로 꾸준히 할 수 있는 범위여야 효과가 좋습니다.

차별과 혐오를 이기는 공존을 가르치자

언제부턴가 우리나라에서는 특정 단어에 '벌레 충(蟲)'을 붙여 특정 계층이나 대상을 비하하는 표현이 흔하게 사용되고 있습니다. 2018년 11월 중학생들 사이에서 일어난 학교폭력 관련 재판에서 '개인의 특징 뒤에 벌레를 의미하는 '충'을 붙인 '○○충'이라는 표현으로 동급생을 놀린 것은 학교폭력에 해당한다'라는 판결이 나와 혐오 표현의 심각성이 널리 알려졌죠.

이제는 '성인지 감수성', '혐오 민감성' 등 공감력이 개인 대 개인이 아닌 사회적 대상으로 점점 확대되고 있습니다. '맘충', '한남충', '급식충', '빌거' 같은 단어를 실제로 계속 말하다 보면 무의식 중에 상대를 무시하게 되고 급기야 갑질을 하거나 폭력으로 발현될 수도 있습니다. 그래서 유네스코에서는 혐오 표현을 '특정한 사회적·인구학적 집단으로 구분되는 대상에 대해서 위해를 가하도록 하는 선동(특히 차별, 적의 또는 폭력)을 옹호하는 표현'으로 정의하고 있습니다. 상대의 정체성과 존엄성을 떨어뜨리는 표현은 말에서 그치는 것이 아니라 사람들의 행동과 사회제도까지 영향을 끼치기 때문이지요. 인류 역사를 봐도 히틀러의 유대인 학살 또한 유대인에 대한 맹목적인 혐오에서 시작했습니다. 그래서 물리적이고 더 잔혹한 폭력으로까지 이어질 수 있는 차별과 혐오 표현은 가정에서부터 특히 주의해야 합니다.

저는 자신의 정치 성향과 세상을 보는 프레임을 거침없이 표현하거나 유달리 극단적인 학생들을 종종 만납니다. 살아가면서 자신과 생각이 다른 사람들을 많이 만날 것이므로, 선을 지켜 가며 그들과 공존하는 것이 진정한 민주시민임을 가정에서부터 가르쳐야 합니다. 이런 정치 성향과 세계관 등은 거의 대부분 가정에서 부모님의 영향을 받기 때문입니다.

또한 혐오 민감성을 갖추도록 신경 써줘야 합니다. 혐오 표현은 '친하고 편한' 사이에서 우스갯소리로 하는 장난이 아닙니다. 혐오 표현을 들었을 때 대부분 모른 척 넘어가거나 상황을 모면하는 데 급급하죠. 그러면 장기적으로 상황이 악화됩니다. '남이 하면 혐오 표현, 내가 하면 농담'이라는 생각을 갖지 않도록 상대방 입장에서 생각하고 말하도록 하고, 혐오 표현이 왜 문제가 되고 상대방의 기분을 거스르는지 이야기를 나누는 것도 좋은 방법입니다.

◆ 소모적인 경쟁이 아닌 실속 있는 협동으로

과학자, 엔지니어, 크리에이터의 공통점은 무엇일까요? 바로 지금 청소년이 경제 활동을 하게 될 2030년 이후의 대세 유망 직업군입니다. 이런 직업에 종사하려면 어떤 자질이 필요할까요? 당연히 '과학적 사고력', '창의적 문제해결력', '도전정신'이 필요합니다. 그런데 전문가들이 의외로 더 강조하는 역량이 있습니다. 바로 '협업 및 커뮤니케이션 능력'입니다.

내성적인 성향의 몇몇 학생은 장래희망을 연구원이라고 말하기도 합니다. 왜 그러냐고 물으면 연구실에서 혼자 있어서 좋을 거 같아서라고 대답하죠. 그런데 연구실에 오롯이 혼자만 하는 일은 점점 사라져 갑니다. 오히려 여러 전문가들과 협력하는 집단지성과 자신의 아이디어를 명확하고 효과적으로 전달하는 능력이 더욱 필요합니다. 요즘 아이들이 열광하는 K팝도 3분도 안 되는 노래 한 곡에 여러 명의 작곡가와 작사가가 협업하죠.

이러한 협업 및 커뮤니케이션 능력을 갖추려면 공부뿐만 아니라 다양한 과제나 프로젝트에 참여하고 경험을 쌓는 것이 중요합니다. 또한 결과를 겸허하게 받아들이고 꾸준히 학습하고 발전하는 태도도 필요합니다. 이러한 역량은 혼자 엉덩이 붙이고 문제를 많이 푼다고 해서 키울 수 없습니다.

고등학생이 되면 여러 교과목의 수행평가와 고교학점제를 진행하고 선택과목을 들으면서 협동 프로젝트를 할 일이 정말 많습니다. 또한 이런 프로젝트들이 학교생활기록부에 기록되고 수시 학생부 종합전형에서는 매우 중요한 기준이 되기도 합니다. 특히 상위권 대학일수록 동아리 활동이나 교과목 수행평가, 조별 과제 등에서 사람들과 어떻게 협력했는지 자세히 살펴봅니다.

따라서 부모 먼저 수행평가나 조별 과제에 대한 거부감을 줄이는 게 좋습니다. 학부모들 중에는 수행평가 비중이 지필평가보다 왜 더 많은지 도무지 이해하지 못하고, 또 자녀보다 여러 수행평가에 스트레스를 더 받는 경우가 꽤 많습니다. 엉덩이를 붙이고 한자리에서 꾸준히 공부하는 게 실력이라고 생각하기 때문입니다. 그리고 자녀가 다른 아이보다 수행평가 점수가 낮으면 괜히 못마땅해서 공정성까지 의심하죠. 혹시 선생님께 미운 털이 박힌 건 아닐까 걱정하기도 하고, 그중에는 학교 선생님께 연락해서 "우리 아이만 밤새서 죽어라 준비해 가서 발표하면 그 점수를 모둠 아이들이 나누어 갖는다. 이게 뭐가 공평하냐. 무임승차하는 애들은 진짜 꼴 보기 싫다" 하고 불만을 쏟아내는 경우도 많습니다.

학교에서도 수행평가의 평가 방식에 대해 고민해 보긴 해야 할 테지만, 부모는 다른 눈으로 수행평가를 바라봐야 합니다. 협업을 강조하는 시대에서 기업이든 학교든 이런 식으로 능력을 평가할 것이기 때문입니다. 조별 활동과 토론식 수업에 잘 적응한 학생은 향후 동아리 활동이나 진로 활동에서도 주도적으로 활약하며 성공에 필요한 자질을 얻을 수 있습니다. 또한 모둠원들과 과제 준비를 위해 협력하면서 대인관계 능력도 향상할 수 있죠.

아이들도 조별 과제와 협업 등을 하면서 큰 스트레스를 받고 갈등도 많이 겪습니다. 솔직히 경쟁자와 진정성 있는 협업을 하는 건 쉽지 않죠. 이때 부모는 자녀를 부추기지 말고 '지금 당장 영화에서 나오듯이 멋지게 협업할 수는 없다'고 일러 줘야 합니다. 그러면서 협업은 다른 사람들과 이것저것 같이 해나가면서 사람 보는 안목을 키우고 자신이 어떤 스타일인지 알아 가는 과정이라고 잘 설명해 주는 게 좋습니다. 대학에 가서는 같은 관심사와 목적에 맞는 사람들끼리 같이 전공 공부를 하게 될 테니, 그때를 위해 더욱 잘 준비해야 한다고 덧붙이면서요. 이 고비를 잘 넘기도록 도와주는 게 고등학생 자녀를 둔 부모가 할 수 있는 현명한 방법입니다.

또 경쟁 위주의 현실이라도 부모는 '협력'의 가치를 일깨워 줘야 합니다. 이상적이라고 손가락질당하더라도 말이죠. 경쟁 위주의 교육 방식에서는 내가 상대보다 많이 알거나 상대가 나보다 덜 알아야 승리할 수 있기 때문에 길게 보면 배움의 효율이 매우 제한적입니다. 하지만 협력에 가치를 두면 나뿐만 아니라 모두가 제대로 아는 것을 추구하게 되므로, 모든 구성원이 결과적으로 조건 없이 서로를 돕게 됩니다. 무엇보다 경쟁에서는 '눈치'가 발달하지만 협력에서는 '배려'가 발달합니다.

리더십도 입시에 도움이 된다면서 리더십 교육을 교과목처럼 만들거나 리더십 강연을 개최하는 곳도 있습니다. 물론 일회적인 강연도 리더십에 대한 생각의 폭을 넓히고 동기부여를 해줍니다. 하지만 리더십은 직접 경험하며 축적되는 훈련이므로, 남의 이야기만 듣고서는 잘 개발되지 않습니다. 진정한 리더십 교육은 아이들이 리더십을 발휘할 기회를 만들어 주는 것이어야 합니다. 리더십은 이론이 아니라 실천이며, 강의가 아니라 현장에서 이뤄집니다. 그래서 '자기주도적 활동'이 중요합니다. 이러한 활동은 동아리 활동, 봉사활동, 조별 과제 등이 모두 포함됩니다.

따라서 학교와 여러 모임 안에서 사람끼리 서로 부대끼며 활동하는 것은 자녀에게 결코 손해가 아닙니다. 또한 입시 성공이나 리더십 어필을 위해 무조건 회장이나 반장이 되어야 한다고 생각하는 사람도 많은데 실제로는 그렇지 않습니다. 리더십은 동아리, 조별 과제, 봉사 등 어떤 활동에서든 발휘되고 키울 수 있습니다. 그러니 자녀의 성향에 맞는 활동을 선택해 리더십을 키우는 것이 오히려 좋습니다. 여기서 입시에 도움이 되는 팁을 하나 덧붙이자면, 학생이 어떤 역할을 맡고 무슨 노력을 했는지 등의 '성장'이 꼭 들어가야 합니다. 어떤 활동이든 리더십을 정말 어필하고 싶으면 사소한 것이라도 자신 덕분에 공동체에 어떤 '변화'가 나타났는지 선생님께 정당하게 이야기해 보세요. 마땅한 내용이라면 학교생활기록부에 반영될 테고, 이후 리더십 부분에서 좋은 평가를 받을 수 있을 것입니다.

이 세상에는 서로 다른 존재가 만나서 소통하고 함께 나아가는 원리가 분명히 있습니다. 그러니 누군가가 나와 다를 수 있다는 것을 충분히 납득하면서 자신만의 고유한 개성과 강점을 찾는 것이 협업의 의미임을 부모는 알려 줘야 합니다. 다름을 인정하고 자신의 목소리를 찾아가는 것은 청소년기뿐만 아니라 인생 전반에서 매우 중요하기 때문입니다.

참고 자료

도서

- 김주환 저, 『회복탄력성』, 위즈덤하우스, 2011.
- 신배화 저, 『결국 인성이 이긴다』, 오리진하우스, 2017.
- 앤절라 더크워스 저, 김미정 역, 『그릿 GRIT』, 비즈니스북스, 2016.
- 이상준 저, 『이타적 자존감 수업』, 다산에듀, 2020.
- 이시형 저, 『부모라면 자기조절력부터』, 지식플러스, 2016.
- 이주연 저, 『우리 아이 진로 공부』, 황소북스, 2018.
- 이향숙·김경은·서보라 저, 『초등 사회성 수업』, 메이트북스, 2020.
- 장유경 저, 『우리 아이 마음 보고서』, 북하우스, 2008.
- 정학경 저, 『인성이 내 아이의 인생을 바꾼다』, 미디어숲, 2021.
- 조벽 저, 『인성이 실력이다』, 해냄, 2016.
- 조우관 저, 『초등 감정 수업』, 유노라이프, 2020.
- 천경호 저, 『리질리언스: 다시 일어서는 힘』, 교육과실천, 2018.
- 최성애 저, 『나와 우리 아이를 살리는 회복탄력성』, 해냄, 2014.
- 최성애·조벽 저, 『정서적 흙수저와 정서적 금수저』, 해냄, 2018.
- 홍성수 저, 『말이 칼이 될 때』, 어크로스, 2018.

논문·기사·칼럼

- 〈연합뉴스〉, "'중2병' 진짜 있었다. 인성검사서 중학생이 꼴찌", 2014.08.19.
- 김송이, 「또래 지위와 친구 관계에 따른 아동의 또래 갈등 분석」, 연세대학교 대학원, 2001.
- 동효관, 「공감 능력 신장을 위한 학교 교육, 어떻게 할 수 있을까?」, 서울교육 243호, 2021.
- 이찬승, 「인성교육 성공을 위한 10가지 긴급제언!」, 교육을바꾸는사람들, 2015.
- 이찬승, 「인성교육의 실패 원인과 근본 대안 모색」, 주간교육신문, 2012.